Einblicke – Ausblicke

Biblische Texte,
Gebete und Betrachtungen

Wolfhart Koeppen / Renate Spennhoff
(Herausgeber)

Einblicke – Ausblicke

Biblische Texte,
Gebete und Betrachtungen

Schriftenmissions-Verlag, Neukirchen-Vluyn
Verlag Katholisches Bibelwerk GmbH, Stuttgart

Im Auftrag der
Arbeitsgemeinschaft Missionarische Dienste
in Zusammenarbeit mit dem Katholischen Bibelwerk e.V.

2. Auflage 1987 (31. bis 50. Tausend)
© 1985 Aussaat- und Schriftenmissions-Verlag,
Neukirchen-Vluyn, und
Verlag Katholisches Bibelwerk GmbH, Stuttgart
Druck: Satz und Druck Contzen, Lünen
ISBN: 3-7958-8913-8 (Schriftenmissions-Verlag)
 3-460-32391-4 (Katholisches Bibelwerk, Stuttgart)

Staunen lernen

atmen	10
hören	12
sehen	14
riechen	16
schmecken	18
tasten	20
spüren	22
glauben	24
staunen	26
schmerzen	28
streicheln	30
wärmen	32
begehren	34
träumen	36
lieben	38

Erfahrungen machen

Ferne	42
Plan	44
Aufbruch	46
Spuren	48
Kreuzung	50
Hindernis	52
Einkehr	54
Begegnung	56
Freundschaft	58
Umweg	60
Überraschung	62
Sehnsucht	64
Wagnis	66
Ziel	68
Heimat	70

Leben teilen

hasten	74
vorbereiten	76
schmücken	78
auswählen	80
essen	82
ausschließen	84
hungern	86
bitten	88
teilen	90
bedienen	92
zugreifen	94
sättigen	96
zusammensetzen	98
danken	100
reden	102

Konflikte durchstehen

bewegt	106
zwiespältig	108
verzweifelt	110
leer	112
betroffen	114
nachdenklich	116
entschlossen	118
zielbewußt	120
erleichtert	122
zugänglich	124
beglückt	126
erfahren	128
beruhigt	130
gespannt	132
beständig	134

Vertrauen wagen

Leiden spüren	138
Spannungen aushalten	140
Nähe erfahren	142
Schwäche zulassen	144
Vorurteile abbauen	146
Widerstand leisten	148
Vertrauen wagen	150
Gott suchen	152
Vergebung empfangen	154
Verzicht üben	156
Gemeinsamkeit entdecken	158
Grenzen überschreiten	160
Gerechtigkeit schaffen	162
Frieden stiften	164
Hoffnung wecken	166

Quellen-Verzeichnis	169
Verzeichnis der Bibelstellen	173

Einblick gewinnen, wer möchte das nicht! Erfahren, was unter der Oberfläche steckt. Über den begrenzten Horizont hinausschauen. Den Dingen auf den Grund gehen. Durchblicken. Weiter sehen. Manchmal bedarf es dazu nur eines Anstoßes, eines Stichworts: Eine Erinnerung wird wach. Eine Erkenntnis blitzt auf. Eine neue Möglichkeit zu handeln, zu denken, zu leben wird sichtbar.

Die kurzen Texte, Gebete und Betrachtungen dieses Buches – wiederum den Heftreihen ,,Für jeden freien Tag'' und ,,An jedem neuen Tag'' entnommen – sind solche Stichworte. Sie sprechen von kleinen Schritten zu einem größeren Glück. Was dazugehört? Das Staunen wieder lernen und Mensch sein mit allen Sinnen. Beweglich werden und mit überraschenden Erfahrungen abseits der gewohnten Wege rechnen. Leben teilen, statt für sich bleiben. In Konflikten stärker und zielbewußter werden. Und nicht zuletzt: Den Ängsten widerstehen und Vertrauen wagen.

Wer aufmerksam lebt, sieht tiefer.
Wer aufmerksam lebt, sieht weiter.
Wer aufmerksam lebt, lebt intensiver.

Auf den ersten Schritt kommt es an. Aber schon ein erster Schritt, und sei er noch so klein und zaghaft, kann den Ausblick auf ein reicheres Leben öffnen.

Staunen
lernen

Atmen

Alles, was atmet,
lobe den Herrn!

Psalm 150,6

Die Wälder wachsen noch.
Die Äcker tragen noch.
Die Städte stehen noch.
Die Menschen atmen
noch.

Bertolt Brecht

Horch auf die Luft!
Du kannst sie hören, sie spüren, sie riechen und schmekken, die heilige Luft, die alles mit ihrem Atem erneuert. Wir sitzen nebeneinander, wir berühren uns nicht, aber etwas ist da; wir fühlen, daß etwas in unserer Mitte gegenwärtig ist. Wir sprechen mit den Flüssen, den Seen und den Winden wie mit unseren Verwandten.

Lame Deer

Nichts ist
– sagt der Weise.
Du läßt es erstehen.
Es wird mit dem Wind
Deines Atems verwehen
Unmerklich und leise.
Nichts ist. Sagt der Weise.

Mascha Kaléko

Im Atemholen
sind zweierlei Gnaden:
die Luft einziehn,
sich ihrer entladen;
jenes bedrängt, dieses erfrischt:
so wunderbar
ist das Leben gemischt.
Du danke Gott,
wenn er dich preßt,
und danke ihm,
wenn er dich wieder entläßt.

Johann Wolfgang von Goethe

Deinen Atem will ich trinken,
der wie frische Äpfel duftet,
mich an deinem Mund berauschen,
denn er schmeckt wie edler Wein.

Hoheslied 7, 9.10

Hören

Wenn doch das Ohr reden könnte!

Stanislaw Jerzy Lec

Die Ohren waren ihm auf das innigste mit der Seele verbunden, so daß er keinen Laut nur mit den Ohren allein aufnahm, sondern immer zugleich auch mit der Seele.

Martin Buber

Was die kleine Momo konnte wie kein anderer, das war: Zuhören. Momo konnte so zuhören, daß dumme Leute plötzlich auf sehr gescheite Gedanken kamen. Nicht etwa, weil sie etwas sagte oder fragte, was den anderen auf solche Gedanken brachte, nein, sie saß nur da und hörte einfach zu, mit aller Aufmerksamkeit und Anteilnahme. Sie konnte so zuhören, daß ratlose und unentschlossene Leute auf einmal ganz genau wußten, was sie wollten. Oder daß Schüchterne sich plötzlich frei und mutig fühlten. Oder daß Unglückliche und Bedrückte zuversichtlich und froh wurden. Und wenn jemand meinte, sein Leben sei ganz verfehlt und bedeutungslos und er selbst nur irgendeiner unter Millionen, einer, auf den es überhaupt nicht ankommt und der ebenso schnell ersetzt werden kann wie ein kaputter Topf – und er ging hin und erzählte alles das der kleinen Momo, dann wurde ihm, noch während er redete, auf geheimnisvolle Weise klar, daß er sich gründlich irrte, daß es ihn, genau so wie er war, unter allen Menschen nur ein einziges Mal gab und daß er deshalb auf seine besondere Weise für die Welt wichtig war.
So konnte Momo zuhören!

Michael Ende

Merke auf dieses feine, unaufhörliche Geräusch; es ist die Stille. Horch auf das, was man hört, wenn man nichts mehr vernimmt.

Paul Valéry

Höre, Israel, der Herr ist unser Gott, der Herr allein. Und du sollst den Herrn, deinen Gott, liebhaben von ganzem Herzen, von ganzer Seele und mit all deiner Kraft. Und diese Worte, die ich dir heute gebiete, sollst du zu Herzen nehmen und sollst sie deinen Kindern einschärfen und davon reden, wenn du in deinem Hause sitzt oder unterwegs bist, wenn du dich niederlegst oder aufstehst.

Deuteronomium 6, 4–7

Herr,
laß mich deine Stimme heraushören
aus all den Reden
von Ansagern und Werbefritzen,
von Schmeichlern und Scharfmachern,
Sprechern und Schreiern,
von Lobhudlern und Langweilern,
von Diskussionsrednern und Diktatoren,
von Meinungsmachern und Nachbarn.
Aus all dem Geschwätz,
dem lauten und leeren und
sinnlosen und endlosen Gerede
laß mich deine
sanfte und eindringliche Stimme
heraushören,
Herr.

Lothar Zenetti

Sehen

Wer nicht sehen will, dem hilft auch keine Brille.

Sprichwort

Zum Sehen geboren,
zum Schauen bestellt,
dem Turme geschworen,
gefällt mir die Welt.
Ich blick in die Ferne,
ich seh in der Näh
den Mond und die Sterne,
den Wald und das Reh.
So seh ich in allen
die ewige Zier,
und wie mir's gefallen,
gefall ich auch mir.
Ihr glücklichen Augen,
was je ihr gesehn,
es sei, wie es wolle,
es war doch so schön.

Johann Wolfgang von Goethe

Wer immer nach dem Wind sieht und auf das passende Wetter wartet, der kommt weder zum Säen noch zum Ernten. Du weißt nicht, wann der Wind seine Richtung ändert. Du siehst nicht, wie sich ein Kind im Mutterleib entwickelt. Genausowenig verstehst du, was Gott tut. Arbeite am Morgen oder am Abend, ganz wie du willst; denn du kannst nicht voraussehen, welches von beiden Erfolg bringt – vielleicht sogar beides! Das Licht der Sonne sehen zu können, bedeutet Glück und Freude.

Kohelet 11, 4—7

Mein Auge schauet, was Gott gebauet
zu seinen Ehren und uns zu lehren,
wie sein Vermögen sei mächtig und groß,
und wo die Frommen dann sollen hinkommen,
wann sie mit Frieden von hinnen geschieden
aus dieser Erde vergänglichem Schoß.

Paul Gerhardt

Traue nicht deinen Augen
Traue deinen Ohren nicht
Du siehst Dunkel
Vielleicht ist es Licht.

Bertolt Brecht

Einen ganzen Tag lang im Sommer warteten fünfzig Urlauber eines Busses aus Flensburg am Großglockner, um diesen zu sehen. Sie sahen indessen nur Nebel und Wolken und graues Geröll und ein wenig Schnee. So sehr sie auch schauten mit Augen und Gläsern, es war nichts zu sehen. Jedoch zu zweifeln an diesem Berg, an seinem realen Vorhandensein, sah keiner sich abends genötigt, als sie den Bus dann bestiegen. Selbst Herr Koch, der ansonsten nur glaubt, was er sieht (mit eigenen Augen), sonst nichts, hatte fünf Ansichten des großen Glockners in Farben gekauft und schrieb hintendrauf von unvergeßlichen Eindrücken. Und hatte selber gar nichts gesehen als Nebel.

Lothar Zenetti

Riechen

Anders
duftet das Heu den Pferden
und anders den Verliebten.

Stanislaw Jerzy Lec

Die Luft ist voller Gerüche. Sie kommen mir entgegen, hüllen mich ein, begrüßen mich, wollen von mir aufgenommen, erkannt, mit Namen genannt werden: Jasmin und Flieder, Rosen am Abend, Paprika in Öl und Orangenschalen im Kachelofen, die in Fülle blühende, von Bienen durchsummte Linde und der frisch gemähte Rasen, angeschnittene Chrysanthemen und in der Feuchtigkeit vermodernde Herbstblätter.

Elisabet Plünnecke

Kleiner Brief

Heute morgen fand ich ein Haar
In der Milch, ein langes, dein
Dunkelbraunes in meiner Milch
Dunkle Botschaft aus den fernen,
Den wohlriechenden Wäldern
Über deinem Gesicht.

Wolf Biermann

Jakob ging zu seinem Vater hinein und sprach: „Mein Vater!" Er antwortete: „Ja, ich höre! Wer bist du, mein Sohn?" Jakob sprach weiter: „Ich bin Esau, dein erstgeborener Sohn. Ich habe getan, was du mir befohlen hast. Setze dich auf und iß von meinem Wildbret und segne mich danach." Da antwortete Isaak seinem Sohn: „Wie hast du so schnell etwas gefunden?" Er sprach: „Der Herr, dein Gott, ließ es mir über den Weg laufen!" Da fuhr Isaak fort: „Komm doch her, ich will dich betasten, ob du wirklich mein Sohn Esau bist oder nicht!" Jakob trat zu seinem Vater Isaak heran, Isaak betastete ihn und sprach: „Die Stimme ist Jakobs Stimme, aber die Hände sind Esaus Hände!" Er erkannte ihn nicht, denn seine Hände waren rauh wie Esaus, seines Bruders Hände. Und er fragte noch einmal: „Bist du mein Sohn Esau?" „Ja", antwortete Jakob, „ich bin es." Da sprach Isaak: „So bereite mir den Tisch. Ich will von dem Wildbret meines Sohnes essen und ihn segnen." Jakob trug ihm auf, und Isaak aß. Er brachte ihm auch Wein, und Isaak trank. Und der Vater sprach zu ihm: „Komm her zu mir, mein Sohn, daß ich dich küsse!" Da trat Jakob zu ihm, und Isaak küßte ihn, und als er den Geruch seiner Kleider roch, sprach er den Segen über ihn:

Siehe, der Geruch meines Sohnes
ist wie der Geruch des Feldes, das der Herr gesegnet hat.
Es gebe dir Gott vom Tau des Himmels
und von der Fettigkeit der Erde,
er gebe dir Korn und Wein die Fülle.
Völker sollen dir dienen, Stämme dir zu Füßen fallen.
Sei ein Gebieter über deine Brüder,
neigen sollen sich vor dir
die Söhne deiner Mutter.
Verflucht sei, wer dir flucht,
gesegnet sei, wer dich segnet!

Genesis 27, 18–29

Schmecken

Wer zur Quelle gehen kann,
der gehe nicht zum Krug.

Leonardo da Vinci

Unter dem rieselnden Schatten einer Olive steht mein Wagen grau von Staub und glühend, Schlangenhitze trotz Wind, aber schon wieder September: aber Gegenwart, und wir sitzen an einem Tisch im Schatten und essen Brot, bis der Fisch geröstet ist. Ich greife mit der Hand um die Flasche, prüfend, ob der Wein auch kalt sei, Durst, dann Hunger, Leben gefällt mir.

Max Frisch

Es gibt für den Menschen nichts Besseres als zu essen und zu trinken und es sich wohl sein zu lassen bei seiner Mühe. Denn auch dieses, habe ich eingesehen, kommt von Gottes Hand.

Kohelet 2, 24

Ich bin so knallvergnügt erwacht.
Ich klatsche meine Hüften.
Das Wasser lockt. Die Seife lacht.
Es dürstet mich nach Lüften.

Aus meiner tiefsten Seele zieht
Mit Nasenflügelbeben
Ein ungeheurer Appetit
Nach Frühstück und nach Leben.

Joachim Ringelnatz

Gott gibt mir Brot und Wasser nicht darum, daß ich essen und trinken soll wie ein Pferd oder Esel, sondern daß ich aus einer solchen leiblichen Gabe seine Güte erkennen und mich derselben auch in anderen Nöten trösten soll.

Martin Luther

Lieber Gott,
mach doch, daß die Vitamine in den Pudding kommen,
die sonst immer im Spinat sind!

Tasten

Mit Worten kann man sich höchstens ein wenig näher herantasten, kann man höchstens einen Schleier zur Seite schieben und einen Ausblick freigeben. Mehr nicht.

Manfred Hausmann

Es war nicht gleich wie früher. Nachdem wir uns lächelnd begrüßt hatten, kam eine leichte Verlegenheit auf, die wir mit ersten Fragen nach Männern und Kindern, nach diesem und jenem Bekannten zu überspielen suchten. Wir waren befangen, beide, nicht nur, weil das Hausmädchen mit am Tisch saß. Irgend etwas hatte sich verändert zwischen uns. Vorsichtig, Schritt für Schritt, Satz für Satz, tasteten wir uns aufeinander zu, verwundert und auch ein wenig beschämt. Später hockten wir uns im Wohnzimmer mit einer Flasche Wein auf die Sessel. Dort sehe ich uns sitzen, die Beine angezogen und nachdenklich. „Weißt du noch, damals...?" frage ich. Wir lachen noch etwas verlegen, aber sie taut auf, wird immer gesprächiger.

Sylvia Adrian

O Herr, nimm unsre Schuld,
mit der wir uns belasten,
und führe selbst die Hand,
mit der wir nach dir tasten.

O Herr, nimm unsre Schuld,
die Dinge, die uns binden,
und hilf, daß wir durch dich
den Weg zum andern finden.

Hans-Georg Lotz

Ein Betrunkener wankt nachts durch die Straßen, tastend von einem Alleebaum zum anderen. Schließlich trifft er auf eine Wand. Sie wird ihn ein schönes Stück weiterbringen. Er darf nur den Kontakt mit ihr nicht wieder verlieren. Und so tappt er mit beiden Händen dahin. Immer an der Wand lang...
Was er nicht weiß: Die Wand ist eine Litfaßsäule. Er umwandert sie vertrauensvoll. Endlos. Schließlich kommt er selbst darauf, daß er im Kreis geht. Da entringt sich ein Seufzer der Resignation seiner gequälten Brust: „Eingemauert!"

Leo Wallner

Thomas, einer von den Zwölfen, war nicht dabei, als Jesus ihnen erschien. Da erzählten ihm die andern: Wir haben den Herrn gesehen! Er aber wollte nicht glauben. Wenn ich nicht an seinen Händen die Nägelmale sehe und sie nicht mit meiner Hand berühre, und wenn ich nicht die Wunde an seiner Seite mit der Hand anfasse, glaube ich es nicht. Acht Tage später war der Kreis der Freunde wieder in jenem Haus, und Thomas war bei ihnen. Obwohl die Türen verschlossen waren, erschien Jesus, stand mitten im Raum und sagte: Friede sei mit euch! Danach wandte er sich an Thomas: Lege deinen Finger hierher und sieh meine Hände an, betaste meine Seite mit deiner Hand und wehre dich nicht länger, zu glauben! Da antwortete Thomas: Mein Herr! Mein Gott!

Johannes 20, 24–28

Spüren

Manch einer spürt öfter die Decke auf dem Kopf
als den Boden unter den Füßen.

Was einem doch das Liegen
auf dem rechten Ellenbogen ist,
nachdem man eine Stunde auf dem linken gelegen!

Georg Christoph Lichtenberg

Viele Menschen folgten Jesus und drängten sich um ihn. Darunter war eine Frau, die schon zwölf Jahre an Blutungen litt. Sie war von vielen Ärzten behandelt worden und hatte dabei sehr zu leiden; ihr ganzes Vermögen hatte sie ausgegeben, aber es hatte ihr nichts genutzt, sondern ihr Zustand war immer schlimmer geworden. Sie hatte von Jesus gehört. Nun drängte sie sich in der Menge von hinten an ihn heran und berührte sein Gewand. Denn sie sagte sich: Wenn ich auch nur sein Gewand berühre, werde ich geheilt. Sofort hörte die Blutung auf, und sie spürte deutlich, daß sie von ihrem Leiden geheilt war. Im selben Augenblick fühlte Jesus, daß eine Kraft von ihm ausströmte, und er wandte sich in dem Gedränge um und fragte: Wer hat mein Gewand berührt? Seine Jünger sagten zu ihm: Du siehst doch, wie sich die Leute um dich drängen, und da fragst du: Wer hat mich berührt? Er blickte umher, um zu sehen, wer es getan hatte. Da kam die Frau, zitternd vor Furcht, weil sie wußte, was mit ihr geschehen war; sie fiel vor ihm nieder und sagte ihm die ganze Wahrheit. Er aber sagte zu ihr: Meine Tochter, dein Glaube hat dir geholfen. Geh in Frieden! Du sollst von deinem Leiden geheilt sein.

Markus 5, 24–34

Der Himmel über mir in der nicht zu vergessenden Nacht
War hell genug. Der Stuhl, auf dem ich saß
War bequem genug. Das Gespräch
War leicht genug. Das Getränk
War scharf genug. Und weich genug
War dein Arm, Mädchen, in der
Nicht zu vergessenden Nacht.

Bertolt Brecht

Die liebe
ist eine wilde rose in uns
Sie schlägt ihre wurzeln
in den augen,
wenn sie dem blick des geliebten begegnen
Sie schlägt ihre wurzeln
in den wangen,
wenn sie den hauch des geliebten spüren
Sie schlägt ihre wurzeln
in der haut des armes,
wenn ihn die hand des geliebten berührt
Sie schlägt ihre wurzeln,
wächst, wuchert
und eines abends
oder eines morgens
fühlen wir nur: sie verlangt
raum in uns

Reiner Kunze

Glauben

Ich glaube,
daß mich Gott geschaffen hat samt allen Kreaturen,
mir Leib und Seele, Augen, Ohren und alle Glieder,
Vernunft und alle Sinne gegeben hat und noch erhält.

Martin Luther

Ich sehe das Bild meines Vaters vor Augen. Vor vielen Jahren hat er noch von Hand die Körner des Weizens in die gelockerte Ackererde gesät. Das war so etwas wie eine Zeremonie mit Andacht, denn er betete leise dazu, um eine gute Ernte zu erhalten. So arbeiteten Leib und Seele zusammen und glaubten im gleichen Atemzuge.

Frieda Krieger

Wir haben's schwer.
Denn wir wissen nur ungefähr,
woher,
jedoch die Frommen
wissen gar, wohin wir kommen!
Wer glaubt, weiß mehr.

Erich Kästner

Jemandem sein Glück glauben ist schwerer,
als jemandem die Trauer abnehmen.

Dorothee Sölle

Amen, ich sage euch: Wenn ihr nur Glauben hättet so klein wie ein Senfkorn, so könntet ihr diesem Berg zurufen: Beweg dich von hier nach dort, und er würde es tun; und nichts würde euch unmöglich sein.

Matthäus 17, 20

Jesus
du glaubst
zweitausend jahre nach christus
immer noch
an das reich das bald kommt
du glaubst
an unsern glauben
der berge versetzt

Ernst Eggimann

Es stimmt nicht, daß Jesus nur für diejenigen da ist, die zweifelsfrei von sich sagen können, sie glaubten. Für die vielleicht noch am wenigsten. Den Pharisäern und Schriftgelehrten, die wußten, was und wie man zu glauben hat, stand er eher zurückhaltend und skeptisch gegenüber. Fragen sind ihm lieber als Bekenntnisse, die ihrer selbst sicher sind. Auf Fragen kann er antworten, ein fragloser Glaube aber verbaut ihm den Weg. Man sollte sich also des Glaubensstandes, den man bislang erreicht hat, nicht schämen, und sei er noch so niedrig. Wer sich an einer vollkommenen Vorstellung von Glauben mißt – die es in der Bibel nicht gibt! –, wer von sich selbst mehr erwartet, als Gott von ihm erwartet, der wird leicht mutlos und opfert seine wirkliche Glaubensmöglichkeit einer falschen Norm von Glauben. Das ist falsch! Gott will nicht, daß wir uns mit Glaubensnormen quälen, sondern daß wir uns aufmachen zu ihm. So wie wir sind.

Klaus Reblin

Staunen

Vergessen Sie nie:
Das Leben ist eine Herrlichkeit.

Rainer Maria Rilke

Herr, wie sind deine Werke so groß und so viel!

Sieh die Erde:
Steine, Sand am Meer,
Ton in Töpfers Hand,
Staub und harter Fels,
gutes Land bringt Frucht.

Sieh die Sterne:
Weit in Raum und Zeit,
Welten, Wärme, Glanz,
ziehen ihre Bahn,
Sonne gibt uns Licht.

Sieh die Pflanzen:
Gras, das sich besamt,
Wind darüber weht,
Baum am Wasserbach,
Lilien stehn im Schmuck.

Sieh die Menschen:
Gottes Ebenbild,
Jungfrau, Kind und Greis,
Liebe, Macht und Angst,
Menschensohn am Kreuz.

Herr, wie sind deine Werke so groß und so viel!

Nach Psalm 104

Da staunt man, kriegt den Mund nicht zu.
Es war so gut, bestimmt für kurze Dauer –
Menschenstimmen überm Fluß.
Sie sangen, weil es schön war,
so zu leben in diesem Augenblick
und überhaupt, wenn Wind geht,
ohne die Erfahrung von Zeit,
gedankenlos zieht alles nun vorbei.
Ein Spiel ist es nicht, eine ernste Sache,
die Rückkehr von etwas, das blüht.
Kein geschriebenes Wort wiegt es auf.
Man raucht schweigend, hört es sich an,
geht still davon.

Karl Krolow

Ein Herr geht durch eine stille Straße eines besseren Londoner Viertels. Am Eingang einer kleinen Villa sieht er, wie ein Mann sich bemüht, ein Pferd in den Hauseingang zu bugsieren. Er bleibt stehen. Nach einer Weile sagt der Mann: „Wissen Sie, wenn Sie Zeit haben, könnten Sie mir eigentlich ein bißchen helfen." „Aber gern!" Sie bugsieren also zusammen das Pferd die Treppe hinauf. Als sie im ersten Stock angekommen sind, will der Herr sich verabschieden. „Ach nein", sagt der andere, „entschuldigen Sie vielmals. Das Pferd muß nämlich noch in die Badewanne." Nach einer weiteren halben Stunde haben die beiden das Pferd in der Badewanne verstaut. Es legt den Kopf auf den Rand und bleckt mit den Zähnen.

Als der Herr sich verabschiedet, fragt er höflichst: „Verzeihen Sie, ich möchte nicht indiskret sein, aber können Sie mir nicht verraten, warum das Pferd in die Badewanne muß?"

„Ja", sagt der Mann. „Ich habe nämlich eine Freundin, die die Gewohnheit hat, immer nur ‚Na und?' zu sagen. Schenke ich ihr ein Theaterbillett, sagt sie ‚Na und?'. Schenke ich ihr eine Rivierareise, sagt sie ‚Na und?'. Schenke ich ihr einen Brillantring, sagt sie ‚Na und?'."

„Schon recht, aber was hat das mit dem Pferd in der Badewanne zu tun?" „Nun, in einer Stunde wird meine Freundin nach Hause kommen. Sie wird ins Badezimmer gehen, um sich die Hände zu waschen. Sie wird zu mir gestürzt kommen: ‚Um Himmels willen! In der Badewanne ist ein Pferd!' Und ich werde sagen: ‚Na und?'"

Peter Bamm

Wenn man das zierliche Näschen
Von seiner liebsten Braut
Durch ein Vergrößerungsgläschen
Näher beschaut,
Dann zeigen sich haarige Berge,
Daß einem graut.

Joachim Ringelnatz

Schmerzen

Das Vermeiden von Wunden
fügt uns Verletzungen zu.

Wann immer Rabbi Mosche Löb einen leiden sah, an der Seele oder am Leibe, nahm er daran mit solcher Inständigkeit teil, daß das Leid zu seinem eigenen wurde. Als ihm jemand einmal seine Verwunderung darüber aussprach, daß er immer so mitleiden könne, sagte er: „Wie denn, mitleiden? Das ist doch mein eigenes Leid, wie kann ich denn anders als es leiden?"

Martin Buber

Volle Deckung!
Na –?
Mann, genau aufn Kopp!
Isser inne Knie gegang?
Nee. Hat sich anne Hauswand gelehnt.
Denn sind se zu weich, unsere Äppel.

Wolfdietrich Schnurre

Zärtlichkeit: je vollkommener sie ist, desto verletzbarer ist sie auch. Sie nimmt den Schmerz in sich auf. Der Schmerz Gottes ist darum der vollkommenste Ausdruck seiner Liebe.

Kazoh Kitamori

Die drei Freunde Ijobs hörten von all dem Unglück, das über ihn gekommen war. Sie verabredeten untereinander, hinzugehen, um ihm ihre Teilnahme zu bezeigen und ihn zu trösten. Als sie von ferne ihre Augen erhoben, erkannten sie ihn nicht. Sie erhoben ihre Stimme und begannen zu weinen, zerrissen alle ihr Obergewand und streuten Asche auf ihr Haupt. Sieben Tage und sieben Nächte saßen sie neben ihm auf der Erde, und keiner sprach ein Wort zu ihm. Denn sie sahen, daß sein Schmerz übergroß war.

Ijob 2, 11–13

Am Ende steht nicht der Schmerz.
Am Ende stehst du, Herr.
Mit dir kann ich annehmen, was weh tut,
mich wehren, so gut es geht,
durchhalten, wenn es sein muß,
ja sagen,
widerstehen,
hoffen
und so erfahren:
Am Ende steht nicht der Schmerz.
Am Ende stehst du, Herr,
Weg, Wahrheit und Leben
für mich.

Streicheln

Hände, die nicht streicheln dürfen,
erstarren.

Ruth C. Cohn

Kürzlich, auf einer Eisenbahnfahrt, saßen sie mir gegenüber, nebeneinander. Zunächst schien nichts Außergewöhnliches an ihnen; aber dann wurde bemerkbar, daß der Mann allein den Zug verlassen würde. Das Paar bereitete sich auf einen Abschied vor. Der alte Mann legte die Hand auf die Hand seiner Frau – groß, breit, eine Arbeitshand. Sie umschloß den schmalen Handrücken der Frau, strich zart über sie hin und verharrte so – sehr still. Die Gesichter des Paares waren nach draußen gerichtet, um ihren Mund war das unmerkliche Lächeln einer tiefen, aus ihnen nur ein wenig hervorlugenden Liebe.

Christa Meves

Einschlaf- und Aufwachelied

Schlaf ein, mein Lieb, sonst ist die Nacht
Vorbei und hat uns nichts gebracht
Als wirre irre Fragen
Gib mir dein' Arm und noch ein' Kuß
Ich muß ja durch den Schlafefluß
Und will dich rüber tragen.

Wach auf, mein Lieb, du schläfst ja noch!
Komm aus den dunklen Träumen hoch
Und freu dich an uns beiden!
Die Sonne hat längst dein Gesicht
Gestreichelt, und du merkst es nicht –
das mag ich an dir leiden.

Wolf Biermann

Mein Freund erquickt mich mit Traubenkuchen
und labt mich mit Äpfeln;
denn ich bin krank vor Liebe.
Seine Linke liegt unter meinem Haupte,
und seine Rechte herzt mich.
Ich beschwöre euch, ihr Töchter Jerusalems,
bei den Gazellen oder bei den Hinden auf dem Felde,
daß ihr die Liebe nicht aufweckt und nicht stört,
bis es ihr selbst gefällt.

Hoheslied 2, 5—7

Lieber von einer Hand, die wir nicht drücken möchten,
geschlagen, als von ihr gestreichelt werden.

Marie von Ebner-Eschenbach

Es sprach die Sonne Muschemusch.
Da lagen wir im Sand.
Die Wellen sprachen Muschemusch
und küßten dir die Hand.

Da sprach der Südwind Muschemusch
und langte in dein Haar.
Ein Dampfer brummte Muschemusch
und fuhr nach Zanzibar.

Die großen Dampfer, Muschemusch,
und was es alles gibt,
das summt und säuselt Muschemusch
und ist in dich verliebt.
Muschemusch!

Hans Leip

Wärmen

Große Feuer leuchten weit, aber die kleinen wärmen.

Karl-Heinrich Waggerl

Es gibt Momente
da wünschte ich
ich wäre Sonnenstrahlen
für dich
Sonnenstrahlen, die deine Hände wärmen
deine Tränen trocknen
Sonnenstrahlen, die dich an der Nase kitzeln
und dich zum Lachen bringen
Sonnenstrahlen, die deine dunklen Winkel
in deinem Innern erleuchten
deinen Alltag in helles Licht tauchen

Margot Bickel

Den Armen schlug ich keine Bitte ab,
und keine Witwe ging verzweifelt fort.
Mein Mittagsmahl war nie für mich allein,
kein Waisenkind blieb ohne seinen Anteil.
Von Jugend auf, solang ich denken kann,
nahm ich sie wie ein Vater bei der Hand.
Wenn einer nichts mehr anzuziehen hatte,
zu arm war, eine Decke zu bezahlen,
dann half ich ihm und gab ihm warme Kleidung,
gewebt aus Wolle meiner eigenen Schafe;
er aber dankte mir mit Segenswünschen.

Ijob 31, 16–20

Es bekommt einer Sache besser,
wenn sich einer dafür erwärmt,
als wenn sich hundert dafür erhitzen.

Wie wächst du, Baum?
Lange sah ich dich stehen,
reglos in Kälte, Nebel und Dunkel –
dein Leben eingehüllt in deine Borke.
Dann traf dich Wärme.
Aus verborgener Tiefe strömt nun Feuchte empor,
sprengt die Hülle der Knospen,
öffnet Blätter zu leuchtendem Grün.
Licht trinkst du, soviel dir beschieden,
Sonne, soviel dich erreicht.
Es wächst.
Der neue Ring im Stamm ist angelegt.

Ernst Hansen

Ein bißchen Wärme,
ein bißchen Freude,
ein bißchen Frieden
ist nicht genug
gegen die Kälte zwischen Menschen,
gegen die Angst auf der Welt
und unsere Ohnmacht.
Darum, Gott,
unser Herr, unser Helfer:
Komm. Sei uns nah. Zeige dich.
Laß die Sonne deiner Gerechtigkeit aufgehen
über allem, was lebt.
Zerschmelze das Eis
von Gleichgültigkeit, Mißtrauen,
Drohung, Gewalt.
Entzünde in uns
das Feuer deiner göttlichen Liebe,
die Glut deines Geistes.

Begehren

Es kann der Frömmste nicht im Frieden leben,
wenn ihm die schöne Nachbarin gefällt.

Einst hatte Jennie alles. Sie schlief auf einem runden Kissen im oberen und auf einem viereckigen Kissen im unteren Stockwerk. Sie hatte einen eigenen Kamm, eine Bürste, zwei verschiedene Pillenfläschchen, Augentropfen, Ohrentropfen, ein Thermometer und einen roten Wollpullover für kaltes Wetter. Sie hatte zwei Fenster zum Hinausschauen und zwei Schüsseln für ihr Futter. Und sie hatte einen Herrn, der sie liebte.
Doch das kümmerte Jennie wenig. Um Mitternacht packte sie alles, was sie besaß, in eine schwarze Ledertasche mit einer goldenen Schnalle und blickte zum letztenmal zu ihrem Lieblingsfenster hinaus.
„Du hast alles", sagte die Topfpflanze, die zum selben Fenster hinaussah. Jennie knabberte an einem Blatt. „Du hast zwei Fenster", sagte die Pflanze. „Ich habe nur eines." Jennie seufzte und biß ein weiteres Blatt ab. Die Pflanze fuhr fort: „Zwei Kissen, zwei Schüsseln, einen roten Wollpullover, Augentropfen, Ohrentropfen, zwei verschiedene Fläschchen mit Pillen und ein Thermometer. Vor allem aber liebt er dich."
„Das ist wahr", sagte Jennie und kaute noch mehr Blätter.
„Du hast alles", wiederholte die Pflanze. Jennie nickte nur, die Schnauze voller Blätter. „Warum gehst du dann fort?"
„Weil ich unzufrieden bin", sagte Jennie und biß den Stengel mit der Blüte ab. „Ich wünsche mir etwas, was ich nicht habe. Es muß im Leben noch mehr als alles geben!" Die Pflanze sagte nichts mehr. Es war ihr kein Blatt geblieben, mit dem sie etwas hätte sagen können.

Maurice Sendak

Du hast meine Mütze auf,
meine weiße Mütze vom Seeurlaub vergangenen Jahres.
Sie steht dir gut und erinnert an das Glück in den Dünen.
Während du in der Hörzu blätterst,
sehe ich dich lange von der Seite an.
Mit einem Mal weiß ich, warum ich die Mütze so liebe.
Sie ist zur Stunde das einzige, was mir an dir gehört.

Detlev Block

Wie der Hirsch lechzt nach frischem Wasser,
so schreit meine Seele, Gott, zu dir.
Meine Seele dürstet nach Gott,
nach dem lebendigen Gott.
Wann werde ich dahin kommen,
daß ich Gottes Angesicht schaue?

Psalm 42, 2.3

In den Augen aller Menschen wohnt ein unstillbares Begehren. In den Pupillen der Menschen aller Rassen, in den Blikken der Kinder und Greise, der Mütter und liebenden Frauen, in den Augen des Polizisten und des Angestellten, des Abenteurers und des Mörders, des Revolutionärs und des Diktators und in denen des Heiligen: in allen wohnt der gleiche Funke unstillbaren Verlangens, das gleiche heimliche Feuer, der gleiche unendliche Durst nach Glück und Freude und Besitz ohne Ende. Dieser Durst, den alle Menschen spüren, ist die Liebe zu Gott.
Gott ist die Heimat aller Menschen. Er ist unsere einzige Sehnsucht. Gott ist im Innersten aller Kreatur verborgen und ruft uns.

Ernesto Cardenal

Träumen

Das Träumen ist der Sonntag des Denkens.

Entwurf für ein Osterlied

Die Erde ist schön, und es lebt sich
leicht im Tal der Hoffnung.
Gebete werden erhört. Gott wohnt
nah hinterm Zaun.

Die Zeitung weiß keine Zeile vom
Turmbau. Das Messer
findet den Mörder nicht. Er
lacht mit Abel.

Nicht irr surrt die Fliege an
tödlicher Scheibe. Alle
Wege sind offen. Im Atlas
fehlen die Grenzen.

Das Wort ist verstehbar. Wer
Ja sagt, meint Ja, und
Ich liebe bedeutet: jetzt und
für ewig.

Der Zorn brennt langsam. Die
Hand des Armen ist nie ohne
Brot. Geschosse werden im Flug
gestoppt.

Der Engel steht abends am Tor. Er
hat gebräuchliche Namen und
sagt, wenn ich sterbe:
Steh auf.

Rudolf Otto Wiemer

Der Herr sagt: Es kommt die Zeit, da werde ich alle Menschen mit meinem Geist erfüllen. Alle Männer und Frauen in Israel werde ich dann zu Propheten machen. Alte wie Junge werden Träume und Visionen haben.

Joel 3, 1

Nenne dich nicht arm,
weil deine Träume nicht in Erfüllung gegangen sind;
wirklich arm ist nur, der nie geträumt hat.

Marie von Ebner-Eschenbach

Was wäre das für ein Leben,
wenn am Morgen vor Sonnenaufgang ein Löwe an mein Bett
träte, um mich mit sanftem Knurren zu wecken; wenn ein
Elefant mich auf seinem breiten Rücken durch die Stadt
über den Marktplatz ins Büro tragen würde; wenn ein Krokodil unter meinem Schreibtisch auf den Chef wartete, der
mich jeden Tag über die Klinge springen läßt; wenn ein Tiger
an meiner Seite die Leute freundliches Benehmen lehrte!

Was wäre das für ein Leben,
wenn am Abend nach Sonnenuntergang
die Nachtigall in meinem Garten schlagen würde
und ich
von Träumen
in das Land der Märchen geführt würde!

Peter Helbich

bürger und bürgerinnen
schließt frieden mit euren träumen
setzt eure namenszüge darunter
seid gut zu ihnen
dann sind sie auch gut zu euch
und machen euch besser.

Kurt Marti

Lieben

Wo ich dein bin,
bin ich erst ganz mein.

Michelangelo

Wie du mir nötig bist? Wie Trank und Speise
Dem Hungernden, dem Frierenden das Kleid,
Wie Schlaf dem Müden, Glanz der Meeresreise
Dem Eingeschloßnen, der nach Freiheit schreit.

So lieb ich dich. Wie dieser Erde Gaben
Salz, Brot und Wein und Licht und Windeswehen,
Die, ob wir sie auch bitter nötig haben,
Sich doch nicht allezeit von selbst verstehen.

Und tiefer noch. Denn auch die ungewissen
Und fernen Mächte, die man Gott genannt,
Sie drangen mir zu Herzen mit den Küssen,

Den Worten deines Mundes und die Blüte
Irdischer Liebe nahm ich mir zum Pfand
Für eine Welt des Geistes und der Güte.

Marie Luise Kaschnitz

Ganz innen in uns wohnt die Liebe.
Gott ist verrückt vor Liebe, und daher ist sein Benehmen nicht vorhersehbar. Und auch der Mensch, nach seinem Ebenbild geschaffen, ist nichts als Liebe. Im gleichen Augenblick, in dem der Mensch zu einem vernunftbegabten Leben erwacht, merkt er, daß sein ganzes Leben nichts als Wunsch, Leidenschaft, Hunger und Durst nach Liebe ist.
Gottes und unsere Liebe ist gleich. Sie bedrängt uns wie ein Durst, den wir nie stillen können. Gott braucht den Menschen nicht, um glücklich zu sein, und doch liebt er ihn so, als ob er ohne ihn ewig unglücklich wäre.

Ernesto Cardenal

Wenn ich in den Sprachen der Menschen und Engel redete,
hätte aber die Liebe nicht,
wäre ich dröhnendes Erz oder eine lärmende Pauke.
Und wenn ich prophetisch reden könnte
und alle Geheimnisse wüßte und alle Erkenntnis hätte;
wenn ich alle Glaubenskraft besäße
und Berge damit versetzen könnte,
hätte aber die Liebe nicht, wäre ich nichts.
Und wenn ich meine ganze Habe verschenkte,
und wenn ich meinen Leib dem Feuer übergäbe,
hätte aber die Liebe nicht, nützte es mir nichts.
Die Liebe ist langmütig, die Liebe ist gütig.
Sie ereifert sich nicht,
sie prahlt nicht, sie bläht sich nicht auf.
Sie handelt nicht ungehörig, sucht nicht ihren Vorteil,
läßt sich nicht zum Zorn reizen, trägt das Böse nicht nach.
Sie freut sich nicht über das Unrecht,
sondern freut sich an der Wahrheit.
Sie erträgt alles, glaubt alles, hofft alles, hält allem stand.
Die Liebe hört niemals auf.
Prophetisches Reden hat ein Ende,
Zungenrede verstummt, Erkenntnis vergeht.
Denn Stückwerk ist unser Erkennen,
Stückwerk unser prophetisches Reden;
wenn aber das Vollendete kommt, vergeht alles Stückwerk.
Als ich ein Kind war, redete ich wie ein Kind,
dachte wie ein Kind und urteilte wie ein Kind.
Als ich ein Mann wurde, legte ich ab, was Kind an mir war.
Jetzt schauen wir in einen Spiegel
und sehen nur rätselhafte Umrisse,
dann aber schauen wir von Angesicht zu Angesicht.
Jetzt erkenne ich unvollkommen,
dann aber werde ich durch und durch erkennen,
so wie ich auch durch und durch erkannt worden bin.
Für jetzt bleiben Glaube, Hoffnung, Liebe, diese drei;
doch am größten unter ihnen ist die Liebe.

1 Korinther 13, 1–13

Erfahrungen machen

Ferne

Man muß viel Ferne gekostet haben,
um den Zauber der Nähe zu spüren.

Was ich habe, will ich nicht verlieren, aber
wo ich bin, will ich nicht bleiben, aber
die ich liebe, will ich nicht verlassen, aber
die ich kenne, will ich nicht mehr sehen, aber
wo ich lebe, da will ich nicht sterben, aber
wo ich sterbe, da will ich nicht hin:
Bleiben will ich, wo ich nie gewesen bin.

Thomas Brasch

Was für ein Narr ist doch der Mensch,
daß er mit den Händen nach den Sternen greift
und vergißt,
daß ja die Erde selbst ein Stern ist.

Han Suyin

Aufgrund des Glaubens gehorchte Abraham dem Ruf, wegzuziehen in ein Land, das er zum Erbe erhalten sollte; und er zog weg, ohne zu wissen, wohin er kommen würde. Aufgrund des Glaubens hielt er sich als Fremder im verheißenen Land wie in einem fremden Land auf und wohnte mit Isaak und Jakob, den Miterben derselben Verheißung, in Zelten. Voll Glauben sind diese alle gestorben, ohne das Verheißene erlangt zu haben; nur von fern haben sie es geschaut und gegrüßt und haben bekannt, daß sie Fremde und Gäste auf Erden sind. Mit diesen Worten geben sie zu erkennen, daß sie eine Heimat suchen. Hätten sie dabei an die Heimat gedacht, aus der sie weggezogen waren, so wäre ihnen Zeit geblieben zurückzukehren; nun aber streben sie nach einer besseren Heimat, nämlich der himmlischen. Darum schämt sich Gott ihrer nicht, er schämt sich nicht, ihr Gott genannt zu werden; denn er hat für sie eine Stadt vorbereitet.

Hebräer 11, 8. 9.13–16

Herr, gern würde ich weite Reisen unternehmen.
Ich möchte Menschen kennenlernen und ihre Länder.
Ich möchte wortlos mit der Fülle deiner Schöpfung reden.
Ich möchte dich finden
in der Kultur jedes einzelnen Volkes.

Gib mir Augen, die deine Herrlichkeit
in jedem Land entdecken.
Mache mich willig,
meinen Brüdern zu begegnen und zu erfahren,
wie sie leben, wie sie sprechen,
wie sie dich preisen –
und wie du sie erlöst.

M. J. Joseph

Plan

Bohnen sind anders als Pilze.
Wer davon ernten will, muß vorher gesteckt haben.

Russisches Sprichwort

Ein Weiser mit Namen Choni ging einmal über Land und sah einen Mann einen Johannisbrotbaum pflanzen. Er fragte: „Wann wird das Bäumchen wohl Früchte tragen?" „In siebzig Jahren." Da sprach der Weise: „Du Tor! Denkst du in siebzig Jahren noch zu leben und die Früchte deiner Arbeit zu genießen? Pflanze lieber einen Baum, der früher Früchte trägt, daß du dich noch daran freust."
Der Mann antwortete: „Rabbi, als ich zur Welt kam, aß ich von Johannisbrotbäumen, ohne daß ich sie gepflanzt hatte, denn das hatten meine Väter getan. Habe ich nun genossen, wo ich nicht gearbeitet habe, so will ich einen Baum pflanzen für meine Kinder oder Enkel, daß sie davon genießen. Wir Menschen mögen nur bestehen, wenn einer dem andern die Hand reicht."

Was ich noch sagen wollte
Wenn ich dir
einen Tip geben darf
Ich meine
Ich bitte dich
um alles in der Welt
und wider besseres Wissen:
Halte dich nicht schadlos
Zieh den Kürzeren
Laß dir etwas
entgehen.

Eva Zeller

Mit der Zeit umgehen lernen, Tage, Stunden und Augenblicke ausschöpfen und so sich mit den Grenzen der Zeit befreunden.
Jedem Tag sein eigenes Recht geben; dem Spiel, dem Gespräch, den Plänen, dem Werk, der Fröhlichkeit, dem Nachdenken und dem Schlaf seine eigene Schönheit und Schwere lassen, und so auch den letzten Tag mit Vertrauen durchleben.
Nach Möglichkeit nichts tun, dessen Wiederholung man nicht wünschen könnte.
Allabendlich jeden Streit beenden, ehe die Sonne untergeht, und nichts Ungeordnetes durch die Tage und Wochen schleppen.
Anderen ihre Schuld vergeben und Vergebung für die eigene Schuld erbitten und dies so, daß es nichts Ungewöhnliches, sondern etwas Tägliches ist. Darauf vertrauen, daß man Vergebung empfangen hat, von Gott und den Menschen, und dafür danken.

Jörg Zink

Denkt an das, was früher galt, in uralten Zeiten: Ich bin Gott, und sonst niemand, ich bin Gott, und niemand ist wie ich. Ich habe von Anfang an die Zukunft verkündet und lange vorher gesagt, was erst geschehen sollte.
Ich sage: Mein Plan steht fest, und alles, was ich will, führe ich aus. Ich habe aus dem Osten einen Adler gerufen, aus einem fernen Land rief ich den Mann, den ich brauchte für meinen Plan. Ich habe es geplant, und ich führe es aus.
Hört auf mich, ihr Verzagten, ich selbst bringe euch das Heil, es ist nicht mehr fern; meine Hilfe verzögert sich nicht.

Jesaja 46, 9–13 (in Auswahl)

Aufbruch

Heute ist der erste Tag vom Rest deines Lebens.

Mache dich auf, werde licht; denn dein Licht kommt, und die Herrlichkeit des Herrn geht auf über dir! Denn siehe: Finsternis bedeckt das Erdreich und Dunkel die Völker; aber über dir geht auf der Herr, und seine Herrlichkeit erscheint über dir. Und die Heiden werden zu deinem Licht ziehen und die Könige zum Glanz, der über dir aufgeht.
Hebe deine Augen auf und sieh umher: Diese alle sind versammelt und kommen zu dir. Deine Söhne werden von ferne kommen und deine Töchter auf dem Arme hergetragen werden. Dann wirst du deine Lust sehen und vor Freude strahlen, und dein Herz wird erbeben und weit werden, wenn sich die Schätze der Völker am Meer zu dir kehren und der Reichtum der Völker zu dir kommt.

Jesaja 60, 1–5

Frei sein, aufzustehen und alles zu lassen,
ohne einen Blick zurück.
Ja sagen.

Dag Hammarskjöld

Ich befahl, mein Pferd aus dem Stall zu holen. Der Diener verstand mich nicht. Ich ging selbst in den Stall, sattelte mein Pferd und bestieg es. In der Ferne hörte ich eine Trompete blasen; ich fragte ihn, was das bedeute. Er wußte nichts und hatte nichts gehört. Beim Tore hielt er mich auf und fragte: „Wohin reitest du, Herr?" „Ich weiß es nicht", sagte ich, „nur weg von hier, nur weg von hier. Immerfort weg von hier, nur so kann ich mein Ziel erreichen." „Du kennst also dein Ziel?" fragte er. „Ja", antwortete ich, „ich sagte es doch: ‚Weg-von-hier', das ist mein Ziel." „Du hast keinen Eßvorrat mit", sagte er. „Ich brauche keinen", sagte ich, „die Reise ist so lang, daß ich verhungern muß, wenn ich auf dem Weg nichts bekomme. Kein Eßvorrat kann mich retten. Es ist ja zum Glück eine wahrhaft ungeheure Reise."

Franz Kafka

meinen schweren kopf
in einen leichten schoß zu betten
meine stirn
in eine kühle hand
den kaputten tag
in einen dunklen schrank zu legen
meine traurigkeit
in ein gesummtes lied
meinen kinderwunsch
in gottes großes ohr zu flüstern . . .

nimm dein geträumtes bett und geh

Friedrich K. Barth/Peter Horst

Wege entstehen dadurch, daß wir sie gehen.

Spuren

Geh nicht nur die glatten Straßen;
geh Wege, die noch niemand ging,
damit du Spuren hinterläßt und nicht nur Staub.

Es ist wunderschön,
wenn einer zu uns spricht
und wir merken:
Du sprichst zu uns, Gott.
Laß uns achten auf die Worte,
gib uns ein Ohr für Zwischentöne.
Laß uns heraushören,
wie andere nach dir fragen,
und spüren,
wie du zu uns kommst.

F. K. Barth/G. Grenz/P. Horst

Christus hat für euch gelitten und euch ein Beispiel gegeben, damit ihr seinen Spuren folgt. Er hat keine Sünde begangen, und in seinem Mund war kein trügerisches Wort. Er wurde geschmäht, schmähte aber nicht; er litt, drohte aber nicht, sondern überließ seine Sache dem gerechten Richter. Er hat unsere Sünden mit seinem Leib auf das Holz des Kreuzes getragen, damit wir tot seien für die Sünden und für die Gerechtigkeit leben.

1 Petrus 2, 21–24

Ein französischer Gelehrter durchstreift mit Arabern als Führern die Wüste. Beim Sonnenuntergang breiten die Araber Teppiche auf den Boden und beten. „Was machst du da?" fragt er einen. „Ich bete." „Zu wem?" „Zu Allah." „Hast du ihn jemals gesehen, betastet, gefühlt?" „Nein." „Dann bist du ein Narr!"
Am nächsten Morgen meint der Gelehrte zu dem Araber: „Hier ist heute nacht ein Kamel gewesen." Da blitzt es in den Augen des Arabers: „Haben Sie es gesehen, betastet, gefühlt?" „Nein." „Dann sind Sie aber ein sonderbarer Gelehrter!" „Aber man sieht doch rings um das Zelt die Fußspuren." Da geht die Sonne auf in all ihrer Pracht. Der Araber weist in ihre Richtung und sagt: „Da, sehen Sie: die Fußspuren Gottes!"

Ich sehe den sanften Wind in den Lärchen gehn
und höre das Gras wachsen
und die andern sagen: Keine Zeit!

Ich sehe den wilden Wassern zu
und den Wolken über den Bergen,
und die andern sagen: Wozu?

Ich sehe den Schmetterlingen nach
und den spielenden Kindern,
und die andern sagen: Na und?

Ich kann mich nicht satt sehen
an allem, was ist,
und die andern sagen: Was soll's?

Ich bewundere dich, o mein Gott,
in allem, was lebt,
und die andern sagen: Wieso?

Lothar Zenetti

Kreuzung

Bei uns gibt es Wegweiser auch dort,
wo es keine Kreuzungen gibt.

Žarko Petan

Herr, mitten in der belebten Straße werde ich aufgehalten.
Da ist eine Frau, die ihr Töchterlein sucht. Sie weint, weil sie
ihr Kind aus den Augen verloren hat. Kein Polizist ist in der
Nähe, um ihr zu helfen. Nun sprach sie mich an und bat mich
um Hilfe.
Ich habe geantwortet: Ich bin beschäftigt. Ich habe einen
Termin. Ich kann keine Zeit vergeuden.
Ich muß mich fragen: Wie kann ich vorgeben, beschäftigt zu
sein, wie kann ich Termine mehr lieben als Menschen, was
wäre jetzt die wichtigste Beschäftigung für mich?
Ich verstehe: Gott will mich beschäftigen. Ich soll Zeuge sein
an dieser Straßenkreuzung des Menschenlebens.

M. J. Joseph

Was willst du machen aus deinem Leben,
was willst du werden, es steht dir frei:

Ein wandelnder Terminkalender,
ein Kerzenleuchter für das Fest,
ein Briefbeschwerer ganz aus Eisen,
ein Aschenbecher für den Rest?
Ein Aktendeckel mit Rezepten,
ein Hut, ein Lied, ein Zirkuszelt,
ein Gläschen Wein, ein Sofakissen,
ein Stückchen Himmel auf der Welt?

Was willst du machen aus deinem Leben,
was willst du werden, es steht dir frei . . .

Lothar Zenetti

Hört, ihr Israeliten! Der Herr ist unser Gott, es gibt keinen Gott außer ihm. Darum stelle ich euch heute vor die Wahl zwischen Glück und Unglück, Leben und Tod. Wenn ihr den Herrn, euren Gott, liebt und seinen Weisungen folgt, seine Anordnungen, Gebote und Rechtsbestimmungen genau beachtet, werdet ihr am Leben bleiben und immer zahlreicher werden. Der Herr, euer Gott, wird euch segnen in dem Land, das ihr jetzt in Besitz nehmt.
Himmel und Erde sind meine Zeugen: Ich habe euch heute Segen und Fluch, Leben und Tod vor Augen gestellt. Wählt das Leben, damit ihr am Leben bleibt, ihr und eure Nachkommen!

Deuteronomium 30, 15. 16. 19

Es glaube somit niemand, er könne den Weg wählen, der ihm am meisten gefällt, weil Gott ihm die Wahl zwischen den Wegen läßt. Zu gleicher Zeit nämlich mahnt Mose, das Leben zu wählen.
Ein Mann steht unbeweglich am Schnittpunkt, wo sich die Straße in zwei entgegengesetzte Wege teilt. Der eine Weg, durch lachende Gegend zunächst, führt schon bald in Gestrüpp und Dornen; der andere, erst ganz mit Dornen überwachsen, mündet schnell in einer lachenden Ebene.

Jüdische Überlieferung

papa fährt glaub ich
den ganzen tag mit dem fahrrad rum
beim abendessen ist er immer todmüde
und erzählt jedesmal von der gleichen firma
daß sie ihn ärgern und manchmal länger festhalten
warum fährt er nicht einfach
woanders hin?

Walter Jäger

Hindernis

Kein Problem wird gelöst,
wenn wir träge darauf warten,
daß Gott allein sich darum kümmert.

Martin Luther King

Mitten in der Nacht stand Jakob auf und überschritt die Furt des Jabbok. Da rang ein Mann mit ihm, bis die Morgenröte heraufzog. Als der sah, daß er ihn nicht niederzwang, schlug er Jakob an die Hüfte, so daß sich die Hüfte ausrenkte, während er mit ihm rang. Und der Mann sprach: „Laß mich los! Die Morgenröte zieht herauf!" Jakob aber antwortete: „Ich lasse dich nicht, es sei denn, du segnest mich."

Genesis 32, 23–27 (in Auswahl)

Auf den Straßen dieser Welt
wird uns oft der Weg verstellt
durch die vielen schweren Laster,
die sich tummeln auf dem Pflaster.

Nicht allein im Fernverkehr
hat man es mit ihnen schwer –
mehr noch können die uns plagen,
die wir selber in uns tragen.

Hanns vom Rhein

In alten Zeiten lebte in China ein Greis namens Yü Gung, der Närrische. Den Weg, der von seiner Haustür nach Süden führte, versperrten zwei große Berge. Yü Gung faßte den Entschluß, diese Berge mit Hacken abzutragen. Einem anderen Greis, der darüber lachte, entgegnete er: „Sterbe ich, bleiben meine Kinder; sterben die Kinder, bleiben die Enkel; und so werden sich Generationen in einer endlosen Reihe ablösen. Diese Berge sind zwar hoch, aber sie können nicht mehr höher werden; um das, was wir abtragen, werden sie niedriger. Warum sollten wir sie dann nicht abtragen können?" Und ohne auch nur im geringsten zu schwanken, machte sich Yü Gang daran, die Berge abzutragen.

Mao Tse-tung

Aus einer Sackgasse kann man auf dreierlei Weise hinauskommen:
indem man umkehrt,
indem man am Ende der Gasse über die Mauer klettert
oder indem man sich an derselben den Kopf einrennt.

Du mußt uns lehren, Gott, mit Hindernissen umzugehen. Wir können nicht alle Berge und Hügel abtragen, aber wir können Schwellen abbauen, um einen Menschen zu erreichen. Wir können nicht alle Täler auffüllen, aber wir können die Gräben zuschütten, die uns von denen trennen, die auf uns warten.
Du kannst uns helfen, Gott, daß immer wieder einer sagen kann: Ich Blinder sehe einen Ausweg, ich Lahmer wage einen Schritt, ich, obwohl ängstlich und hilflos, entdecke neue Möglichkeiten. Ich war mir selbst ein Hindernis, aber jetzt bin ich wieder beweglich und voll Leben.

Einkehr

Ein Leben ohne Feste
ist ein langer Weg ohne Einkehr.

Demokrit

Drinnen duften die Äpfel im Spind,
Prasselt der Kessel im Feuer.
Doch draußen pfeift Vagabundenwind
Und singt das Abenteuer!

Der Sehnsucht nach dem Anderswo
Kannst du wohl nie entrinnen:
Nach drinnen, wenn du draußen bist,
Nach draußen, bist du drinnen.

Mascha Kaléko

In einem chinesischen Haus erschien überraschend Besuch. Da kein Tee vorhanden war, schickte der Hausherr zum Nachbarn, Tee zu borgen. Die Frau setzte inzwischen den Kessel aufs Feuer. Das Wasser kochte; der Bote war noch nicht zurück. Man schüttete kaltes Wasser nach; der Bote kam immer noch nicht. Schließlich war der Kessel voll kochenden Wassers, und der Tee fehlte. Da sprach die Frau des Hauses: „Wollen wir unseren lieben Freund nicht baden lassen?"

Damals, als noch keine Straßen das Land durchschnitten und es noch keine Autos gab, die Menschen so schnell wie der Wind vom Meer in die Berge zu bringen, kämpfte sich ein Missionar mit einer Schar von Trägern durch den afrikanischen Busch. Er hatte es eilig und trieb seine Führer zu immer schnellerem Gehen an, denn in drei Tagen wollte er sein Ziel erreichen.

Der dritte Morgen kam herauf, strahlend stand die Sonne am Himmel, die Luft flimmerte, das hohe Gras bewegte sich sacht, und in der Luft sangen die Vögel. Der Missionar drängte zum Aufbruch, aber die Träger lagerten sich und wollten nicht aufstehen. Kein Zureden half, kein Befehlen, kein Drohen. Endlich fragte er nach dem Grund ihres Zögerns und erhielt zur Antwort: „Wir müssen warten, bis unsere Seele nachgekommen ist."

Aus Afrika

Christus sagt: Gib acht! Ich stehe vor der Tür und klopfe an.
Wenn jemand meine Stimme hört und die Tür öffnet, werde ich zu ihm eintreten und mit ihm das Mahl feiern und er mit mir.

Offenbarung 3, 20

Es werden kommen von Osten und von Westen, von Norden und von Süden, die zu Tisch sitzen werden im Reich Gottes.

Lukas 13, 29

Begegnung

Warum reisen wir? Auch dies, damit wir Menschen begegnen, die nicht meinen, daß sie uns kennen ein für allemal; damit wir noch einmal erfahren, was uns in diesem Leben möglich sei. – Es ist ohnehin schon wenig genug.

Max Frisch

Du streckst die Beine aus und bist so gelassen
wie die alten Bäume, deren Schatten uns beide trifft.
Du sprichst von dir, und das ist genug.
Was ist das gegen meine Bibliotheken,
was gegen die Geräusche, die das Haus macht
nachts, wenn unsere Köpfe anschwellen,
was gegen die Leute in meinem Zimmer,
die immer nur die Philosophen wechseln!
In deinem altgewordenen Gesicht
ist plötzlich eine unbeschreibbare Farbe.
So als wolltest du mir zeigen, wer du bist. Jetzt.
Auf diesem Gartenstuhl.

Rolf Haufs

Du möchtest gern alleine wandern,
doch ständig stören dich die andern.
Auch du bist – das bedenke heiter –
ein andrer anderer und nichts weiter.

Eugen Roth

Er sprach:
Heraus,
steh hin auf den Berg vor MEIN Antlitz!
Da
vorüberfahrend ER:
ein Sturmbraus, groß und heftig,
Berge spellend, Felsen malmend,
her vor SEINEM Antlitz:
ER im Sturme nicht –
und nach dem Sturm ein Beben:
ER im Beben nicht –
und nach dem Beben ein Feuer:
ER im Feuer nicht –,
aber nach dem Feuer
eine Stimme verschwebenden Schweigens.

Martin Buber (nach 1 Könige 19)

Habe ich meine Tage vergeudet? Nein!
Es war mir zu schwer, den Freunden fernzubleiben.
Wäre ich für mich allein auf meinem Zimmer geblieben,
hätte ich besser arbeiten können.
Aber dann hätte ich nicht die Freude gehabt,
Freundschaften neu zu gewinnen
und alte zu erneuern.

Wichtig im Leben ist die Begegnung.
Wir sehen einander in die Augen;
wir tauschen unsere Erfahrungen aus.
Das ist für mich von größter Bedeutung.
Der Sinn des eigenen Lebens wird mir klarer,
wenn ich dem Leben anderer Menschen begegne.
In solchem Begegnen liegt Freude.

M. A. Thomas

Freundschaft

Freundschaft ist die Blüte eines Augenblicks
und die Frucht der Zeit.

Jeder Freund sagt: Ich bin dir gut. Aber mancher ist nur dem Namen nach Freund. Ist es nicht ein Kummer, der dem Tod gleichkommt, wenn ein Kamerad oder ein Freund zu einem Feind wird? Der schlechte Kamerad nützt den Freund aus im Glück, zur Zeit der Drangsal aber tritt er gegen ihn auf. Der schlechte Kamerad zeigt Mitleid mit dem Freund aus Eigennutz, zur Zeit des Kampfes aber ergreift er den Schild.

Vergiß den treuen Freund im Kampfe nicht, und vergiß ihn nicht inmitten deines Reichtums.

Jesus Sirach 37, 1–6 (in Auswahl)

Rudern zwei
ein boot,
der eine
kundig der sterne,
der andre
kundig der stürme,
wird der eine
führn durch die sterne,
wird der andre
führn durch die stürme,
und am ende, ganz am ende
wird das meer in der erinnerung
blau sein

Reiner Kunze

Der Fuchs schaute den Prinzen lange an: „Bitte ... zähme mich!" sagte er. „Ich möchte wohl", antwortete der kleine Prinz, „aber ich habe nicht viel Zeit. Ich muß Freunde finden und viele Dinge kennenlernen."
„Man kennt nur die Dinge, die man zähmt", sagte der Fuchs. „Die Menschen haben keine Zeit mehr, irgend etwas kennenzulernen. Sie kaufen sich alles fertig in den Geschäften. Aber da es keine Kaufläden für Freunde gibt, haben die Leute keine Freunde mehr. Wenn du einen Freund willst, so zähme mich!"
„Was muß ich da tun?" sagte der kleine Prinz. „Du mußt sehr geduldig sein", antwortete der Fuchs. „Du setzt dich zuerst ein wenig abseits von mir ins Gras. Ich werde dich so verstohlen, so aus dem Augenwinkel anschauen, und du wirst nichts sagen. Die Sprache ist die Quelle der Mißverständnisse. Aber jeden Tag wirst du dich ein bißchen näher setzen können ..."
Am nächsten Morgen kam der kleine Prinz zurück. „Es wäre besser gewesen, du wärst zur selben Stunde wiedergekommen", sagte der Fuchs. „Wenn du zum Beispiel um vier Uhr nachmittags kommst, kann ich um drei Uhr anfangen, glücklich zu sein. Wenn du aber irgendwann kommst, kann ich nie wissen, wann mein Herz da sein soll."
So machte der kleine Prinz den Fuchs mit sich vertraut.

Antoine de Saint-Exupéry

Nah wie ein guter Freund bist du uns, Gott.
Du teilst unser Leben und bist vertraut mit allem, was uns bewegt. Und wenn du unser Klagen und Wünschen ohne Antwort läßt, so laß uns doch spüren, daß du es gut mit uns meinst. Dann gewinnen wir Mut, nach dem Leben zu suchen, und dich neu zu entdecken,
Gott, guter Freund.

Umweg

Umwege erweitern die Ortskenntnis.

Das Wort Gottes erging an Jona: Steh auf! Geh in die Stadt Ninive und rede warnend mit ihr, denn ihre Bosheit ist vor mich gekommen. Jona machte sich auf, doch nicht nach Ninive, sondern er nahm den Weg zur Hafenstadt Jafo, um nach Tarschisch zu fliehen, weit weg von Gott. Er ging auf ein Schiff, um Gott aus den Augen zu kommen. Auf dem Meer erhob sich ein gewaltiger Sturm, der das Schiff zu vernichten drohte. Die Mannschaft fürchtete sich sehr. Als die Leute erfuhren, wer Jona war, und warum er vor seinem Gott floh, warfen sie ihn ins Meer, um das Unwetter abzuwenden. Das Meer beruhigte sich. Jona aber wurde von einem großen Fisch verschlungen. Im Inneren des Fisches befiel ihn Angst. Er bereute seine Flucht vor Gott und betete um Rettung. Der Fisch spie ihn an Land. Jona stand auf, ging seinen schweren Weg nach Ninive und erfüllte den Auftrag Gottes.

Jona 1–3 (in Auswahl)

Bleibe nicht stehen auf deinem Weg.
Kehre nicht um.
Suche keinen Umweg.
Wer nicht vorangeht, kommt nicht ans Ziel.

Ich habe schlecht über dich gesprochen.
Du hast auf das falsche Pferd gesetzt.
Ich habe dein Vertrauen gebrochen.
Ich habe die anderen gegen dich aufgehetzt.
Du bist nicht gegangen.
Setz dich wieder. Alles hat aufgehört,
jetzt können wir anfangen.

Thomas Brasch

Einst hatte sich einer im tiefen Wald verirrt. Nach einer Zeit verirrte sich ein zweiter und traf den ersten. Ohne zu wissen, wie es dem ergangen war, fragte er ihn, auf welchem Weg man hinausgelange. „Den weiß ich nicht", antwortete der erste, „aber ich kann dir die Wege zeigen, die nur noch tiefer ins Dickicht führen, und dann laß uns gemeinsam nach dem Wege suchen."

Martin Buber

Der Weg durch die Wüste ist kein Umweg.
Wer nicht das Leere erlitt,
bändigt auch nicht die Fülle;
wer nie die Straße verlor,
würdigt den Wegweiser nicht.

Friedrich Schwanecke

Überraschung

Es kommt so oder so, aber nicht so.

Wenn Christus einst kommt,
wird er den eisernen Vorhang,
den ihr aufgerichtet habt,
ihr diesseits und ihr jenseits,
beiseiteschieben
und euch sagen,
daß es Erwählte gibt,
diesseits und jenseits.

Gerhard Rademacher

Als der Pfingsttag gekommen war, waren die Jünger an einem Ort beisammen. Da brach plötzlich ein Tosen vom Himmel herein, als ob ein gewaltiger Sturm heranjagte, und erfüllte das ganze Haus, in dem sie saßen. Und sie sahen eine Erscheinung, als ob Zungen wie von Feuer sich verteilten und sich einzeln auf jeden von ihnen setzten. Und alle wurden vom Heiligen Geist erfüllt und fingen an, in anderen Sprachen zu reden, wie ihnen der Geist es eingab auszusprechen. Nun waren da Juden, die in Jerusalem ansässig geworden waren, fromme Männer aus jedem Volk unter dem Himmel. Als jenes Brausen einsetzte, strömten sie in Massen zusammen und wurden ganz verwirrt, denn jeder von ihnen hörte sie in seiner eigenen Sprache reden. Darüber gerieten sie außer sich vor Verwunderung und sagten: Sieh, sind das nicht alles Galiläer, die hier reden? Wie kommt es, daß jeder von uns sie in seiner eigenen Muttersprache reden hört? Und sie waren alle außer sich; ratlos fragte einer den anderen: Was soll das bedeuten?

Apostelgeschichte 2, 1–8. 12

Zwischen Berg und tiefem, tiefem Tal
saßen einst zwei Hasen.
Fraßen ab das grüne, grüne Gras
bis auf den Rasen.

Als sie sich dann sattgefressen hatten,
legten sie sich nieder,
bis daß der Jäger, Jäger kam
und schoß sie nieder.

Als sie sich dann aufgerappelt hatten
und sie sich besannen,
daß sie noch am Leben, Leben warn,
sprangen sie von dannen.

Volkslied

Ich bin schön, ich bin stark, ich bin weise, ich bin gut.
Und ich habe das alles selbst entdeckt!

Stanislaw Jerzy Lec

Überrasche uns, Gott:
Was uns angst macht,
wende zum Guten,
was wir schwarz sehen,
laß Farbe annehmen.
Überrasche uns damit, Gott,
daß wir Auswege beschreiten
und erleben:
Sie führen weiter.

F. K. Barth/G. Grenz/P. Horst

Sehnsucht

Wer das könnte
die Welt
hochwerfen
daß der Wind
hindurchfährt

Hilde Domin

Manchmal halte ich inne und denke daran, wie ich eigentlich leben möchte. Eigentlich möchte ich einmal Zeit haben, Zeit für mich, Zeit für die Menschen, mit denen ich zusammenlebe, Zeit auch für Gott. Eigentlich möchte ich einmal fröhlich und entspannt sein, mich freuen können ohne die Sorge, es könnte doch alles wieder ganz anders kommen. Eigentlich möchte ich einmal wirklich etwas Gutes tun, ohne Vorurteil und ohne die Angst, ich könnte mich zu sehr verpflichten. Eigentlich möchte ich es wagen, mich über all die Argumente hinwegzusetzen, die da sagen: „Dabei kommt nichts heraus. Das haben wir doch alles schon einmal versucht." Oder auch: „Das hat es bei uns noch nie gegeben!" Ich möchte mich erheben über Zwänge und Bedenken, über die eingefahrenen Geleise, liebgewordenen Gewohnheiten und auch über die Grenzen meiner eigenen Müdigkeit.

Maria Barutzky

Hätten die Nüchternen einmal gekostet –
alles verließen sie
und setzten sich zu uns an den Tisch der Sehnsucht,
der nie leer wird.

Novalis

Du bist das Feuer meiner Sehnsucht.
Ich suche dich in der ganzen Stadt
und finde dich nicht.
Nachts sehne ich mich nach dir,
mein Geliebter,
in meinen Träumen.
Alle Straßen will ich durchlaufen,
dich zu treffen,
denn sieh:
Vorüber ist der Winter,
der Regen vergangen.
Komm mir entgegen.

Nach Hoheslied 1–3

Es war einmal ein Prinz, weit drüben im Märchenlande. Weil der nur ein Träumer war, liebte er es sehr, auf einer Wiese nahe dem Schlosse zu liegen und träumend in den blauen Himmel zu starren. Denn auf dieser Wiese blühten die Blumen größer und schöner wie sonstwo.
Und der Prinz träumte von weißen, weißen Schlössern mit hohen Spiegelfenstern und leuchtenden Söllern.
Es geschah aber, daß der alte König starb. Nun wurde der Prinz sein Nachfolger. Und der neue König stand nun oft auf den Söllern von weißen, weißen Schlössern mit hohen Spiegelfenstern.
Und träumte von einer kleinen Wiese, wo die Blumen größer und schöner blühten denn sonstwo.

Bertolt Brecht

Wagnis

Ich ziehe die Ungewißheit des Weges
der Gewißheit des Karussells vor.

Es kam ein Mann zu Jesus und fragte: Du bist ein Lehrer, sag mir, was muß ich Gutes tun, um ein ewiges Leben zu haben? Jesus antwortete ihm: Warum fragst du mich nach dem Guten? Ein einziger nur ist „der Gute"; halte seine Gebote, dann wirst du das Leben gewinnen. Welche Gebote? fragte der Mann. Das Gebot: Du wirst nicht töten, sagte Jesus, und: Du wirst die Ehe nicht brechen, und: Du wirst nicht stehlen, und: Du wirst keinen Meineid schwören, und: Ehre Vater und Mutter, und: Du wirst die anderen Menschen lieben, wie du dich selbst liebst.
Der Mann, der noch jung war, antwortete ihm: Ich habe alle diese Gebote gehalten: was also fehlt mir noch? Wenn du dein Ziel erreichen willst, sagte Jesus, dann geh heim, verkauf deinen Besitz und schenk ihn den Armen. Dann komm zurück und folge mir nach.
Als der Mann das hörte, wurde er traurig und ging fort: Denn er war reich.

Matthäus 19, 16–22

Wird's besser? Wird's schlimmer?
fragt man alljährlich.
Seien wir ehrlich:
Leben
ist immer lebensgefährlich.

Erich Kästner

Das Kreuz des Jesus Christus durchkreuzt was ist
und macht alles neu

Was keiner wagt, das sollt ihr wagen
was keiner sagt, das sagt heraus
was keiner denkt, das wagt zu denken
was keiner anfängt, das führt aus

Wenn keiner ja sagt, sollt ihr's sagen
wenn keiner nein sagt, sagt doch nein
wenn alle zweifeln, wagt zu glauben
wenn alle mittun, steht allein

Wo alle loben, habt Bedenken
wo alle spotten, spottet nicht
wo alle geizen, wagt zu schenken
wo alles dunkel ist, macht Licht

Das Kreuz des Jesus Christus durchkreuzt was ist
und macht alles neu.

Lothar Zenetti

Gott, du bist uns voraus
und läßt dich nicht binden.
Gefährte der Wandernden,
lock uns,
und wir werden es wagen,
über das hinauszugehn,
was wir festgelegt haben.
Neuland werden wir entdecken
und andere Horizonte.

F. K. Barth/G. Grenz/P. Horst

Ziel

Ein falscher Schritt, und du bist am Ziel
anderer.

Stanislaw Jerzy Lec

Hast du ne Ahnung,
was ma hier soll?
Wo?
Na, auffe Welt.
Logisch: Großwer'n.
Und denn?
Verdien.
Für wen?
Für deine Kinder.
Und was solln die?
Verdammt.

Wolfdietrich Schnurre

Es ist die Tragik der Karriere,
daß der Mensch da, wo er hinwill,
als ein anderer ankommt
und doch als dieser er selbst ist;
wenn – wo er ankommt – er überhaupt hinwollte.

Friedrich Schwanecke

Ein Mensch, der schon als kleiner Christ
weiß, wozu er geschaffen ist:
„Um Gott zu dienen hier auf Erden
und ewig selig einst zu werden!" –
vergißt nach manchem lieben Jahr
das Ziel, das doch so einfach war,
das heißt, das einfach nur geschienen:
Denn es ist schwierig, Gott zu dienen.

Eugen Roth

Simon Petrus antwortete Jesus: Herr, zu wem sollen wir gehen? Du hast Worte des ewigen Lebens. Und wir haben geglaubt und erkannt: Du bist der Heilige Gottes.

Johannes 6, 68. 69

Nein, bleib nicht stehn!
Es ist eine göttliche Gnade,
gut zu beginnen.
Es ist eine größere Gnade,
auf dem guten Weg zu bleiben.
Aber die Gnade der Gnaden
ist es, sich nicht zu beugen
und, ob auch zerbrochen und erschöpft,
vorwärtszugehen bis zum Ziel.

Helder Camara

Heimat

Das größte Abenteuer unseres Lebens
ist nicht die Fremde,
sondern die Heimat.

Ich glaube, daß manche Menschen fern von ihrer wahren Heimat geboren werden. Der Zufall hat sie in eine bestimmte Umgebung gestellt, aber sie haben immer Heimweh nach einem unbekannten Land. Sie sind Fremde an ihrem Geburtsort, und die grünen Heckenwege, die sie seit ihrer Kindheit kennen, oder die belebten Straßen, auf denen sie gespielt haben, bleiben nur ein Durchzugsort. Vielleicht ist es dieses Gefühl der Fremdheit, das Menschen in die Ferne treibt auf der Suche nach etwas Bleibendem, an das sie sich halten können. Bisweilen stößt ein Mensch auf einen Ort, dem er sich geheimnisvoll verbunden fühlt.
Hier ist die Heimat, die er sucht; er wird sich niederlassen in Gegenden, die er nie zuvor gesehen, unter Menschen, die er nie gekannt hat, und doch ist es ihm, als wären sie ihm von Geburt an vertraut. Hier findet er endlich Ruhe.

Somerset Maugham

Nicht da ist man daheim,
wo man seinen Wohnsitz hat,
sondern wo man verstanden wird.

Christian Morgenstern

Es ist gerade die versprochene Heimat,
die heimatlos macht.

Dorothee Sölle

Jakob zog aus von Beerscheba und ging nach Haran.
Dort blieb er über Nacht,
weil die Sonne schon untergegangen war.
Er nahm einen von den Steinen der Stätte,
machte ihn zum Lager für sein Haupt
und legte sich an jener Stätte schlafen.
Da träumte ihm:
Siehe, eine Leiter war auf die Erde gestellt,
deren Spitze den Himmel berührte.
Und siehe, Engel Gottes stiegen daran auf und nieder.
Und siehe, Jahwe stand über ihr und sprach:
Ich bin Jahwe,
der Gott deines Vaters Abraham und der Gott Isaaks.
Das Land, auf dem du ruhst,
will ich dir und deinen Nachkommen geben.
Deine Nachkommenschaft soll
zahlreich wie der Staub der Erde werden,
und du sollst zahlreich wie der Staub der Erde werden,
und du sollst dich nach West und Ost,
nach Nord und Süd ausbreiten,
und durch dich und deine Nachkommen
sollen alle Geschlechter der Erde gesegnet werden.
Siehe, ich bin mit dir.
Ich will dich überall behüten, wohin du gehst,
und dich in dieses Land, deine Heimat, zurückführen.
Denn ich werde dich nicht verlassen,
bis ich vollbracht, was ich dir verheißen habe.

Genesis 28, 10–15

Leben
teilen

Hasten

Als Gott die Zeit gemacht hat,
hat er genug davon gemacht.

Irisches Sprichwort

Herr, bei dir sind wir geborgen
durch alle Zeiten.
Ehe die Berge entstanden
und bevor sich die Erde bildete,
bist du, Gott, von je und für immer.
Denn tausend Jahre sind vor dir wie der Tag,
der gestern verging,
wie die Zeit einer Wache des Nachts.
Unsere Tage schwinden, weil du uns zürnst,
und unsere Jahre vergehen wie ein Seufzen.
Unser Leben währt siebzig Jahre,
und wenn es hoch kommt, achtzig.
Und selbst wenn wir stolz sind darauf,
war es doch nur vergebliche Mühe.
Eilend geht es dahin,
und es ist wie im Fluge vergangen.

Psalm 90 (in Auswahl)

Menschen, die nach immer größerem Reichtum jagen, ohne sich jemals Zeit zu gönnen, ihn zu genießen, sind wie Hungrige, die immerfort kochen, sich aber nie zu Tische setzen.

Marie von Ebner-Eschenbach

Das Auto? Einfach unentbehrlich!
Zu leben „ohne"? Kaum erklärlich!
Wie ist es fein, zu sagen: „Ja",
wenn's heißt: „Sind Sie im Wagen da?"
Wer erst die Macht hat, Gas zu geben,
hat auch natürlich mehr vom Leben:
Kunststätten kann, wer fix und fleißig,
an einem Tage an die dreißig
mitsamt den Kilometern fressen
und gleich an Ort und Stell – vergessen.

Eugen Roth

nicht mehr denken
daß man etwas tun muß
nur noch weil man will
und wann
und wie lange
die Freiheit
sich nicht schuldig zu fühlen
einmal nichts zu tun
nur etwas an sich tun lassen
nur ausspannen
die augen schließen
die sonne und den wind spüren
nicht mehr reden
nichts planen
aus und ein atmen
nur merken daß ich bin
und daß etwas um mich ist
gott in mir raum gewinnen lassen
und bereit sein
gott diese und alle zeit zu übergeben

ulrich schaffer

Vorbereiten

Bohre den Brunnen, ehe du Durst hast.

Chinesische Weisheit

Auch wenn's dich treibt, vor Wut zu kochen,
sei dir empfohlen, gut zu kochen.

Eugen Roth

Ich kann mich nicht konzentrieren, Herr!
Ich sitze hier in der Stille
und warte, daß sich in meinem Herzen etwas regt.
Aber meine Gedanken wollen nicht schweigen.
Sie flattern umher und erinnern mich an tausend Dinge,
die noch getan werden müssen:
Wie viele Meter Stoff
sind für die neuen Küchengardinen nötig?
Was soll ich zu Mittag kochen?
Werde still, mein Herz!
Haltet ein, ihr wandernden Gedanken,
denn ich will beten.

Lieber Herr,
im Gebet komme ich dir näher.
Ich spüre das Wunder deiner Gegenwart.
Wie gern möchte ich
dich mit mir in den Alltag nehmen.

Jo Carr/Imogene Sorley

In Witlisbach im Kanton Bern war einmal ein Fremder über Nacht. Als er ins Bett gehen wollte und bis auf das Hemd ausgekleidet war, nahm er noch ein Paar Pantoffeln aus dem Bündel, zog sie an, band sie mit den Strumpfbändeln an den Füßen fest und legte sich so in das Bett. Da sagte zu ihm ein anderer Wandersmann: „Guter Freund, warum tut Ihr das?" Darauf erwiderte der erste: „Wegen der Vorsicht. Denn ich bin einmal im Traum in eine Glasscherbe getreten. Da habe ich im Schlaf solche Schmerzen empfunden, daß ich um keinen Preis mehr barfuß schlafen möchte."

Johann Peter Hebel

Man sollte die Dinge so nehmen, wie sie kommen.
Aber man sollte dafür sorgen,
daß die Dinge so kommen, wie man sie nehmen möchte.

Curt Goetz

Wenn Gott seine Herrschaft aufrichtet, geht es wie bei einem König, der für seinen Sohn das Hochzeitsfest vorbereitete. Er hatte seine Diener ausgesandt, um die Gäste einzuladen; aber sie wollten nicht kommen. Darum schickte er noch einmal zu ihnen und ließ ihnen sagen: „Alle Vorbereitungen zum Fest sind getroffen, die Ochsen und Mastkälber sind geschlachtet, es ist alles bereit. Kommt zur Hochzeitsfeier!"

Matthäus 22, 2–4

Schmeckt und seht, wie freundlich der Herr ist.
Wohl dem, der auf ihn traut.

Psalm 34, 9

Schmücken

Die Dinge sind nie so, wie sie sind.
Sie sind immer das, was man aus ihnen macht.

Jean Anouilh

Er stellt sich vor sein Spiegelglas
und arrangiert noch dies und das.
Er dreht hinaus des Bartes Spitzen,
sieht zu, wie seine Ringe blitzen,
probiert auch mal, wie sich das macht,
wenn er so herzgewinnend lacht,
übt seines Auges Zauberkraft,
legt die Krawatte musterhaft,
wirft einen süßen Scheideblick
auf sein geliebtes Bild zurück,
geht dann hinaus zur Promenade,
umschwebt vom Dufte der Pomade,
und ärgert sich als wie ein Stint,
daß andre Leute eitel sind.

Wilhelm Busch

Es wird erlassen, daß von nun an
in allen Fenstern Sonnenblumen stehen,
und daß Sonnenblumen das Recht haben,
im Schatten aufzublühen;
und alle Fenster müssen den ganzen Tag
dem Grünen geöffnet bleiben,
wo die Hoffnung wächst.

Thiago de Melo

Und draußen war ein Tag aus Blau und Grün
mit einem Ruf von Rot an hellen Stellen.
Der Teich entfernte sich in kleinen Wellen,
und mit dem Winde kam ein fernes Blühn
und sang von Gärten draußen vor der Stadt.

Es war, als ob die Dinge sich bekränzten,
sie standen licht, unendlich leicht besonnt;
ein Fühlen war in jeder Häuserfront,
und viele Fenster gingen auf und glänzten.

Rainer Maria Rilke

Schön ist Gott, herrlich geschmückt, schöner als alles, was schön genannt wird, schöner als wilde Gebirge, Gischt auf Wellen, Blumengärten im Frühling, Weizenfelder im Sommer, farbige Wälder im Herbst, Städte mit alten Gassen, Rosen im Haar andalusischer Mädchen, lachende Kinder, gelbe Häuser am Meer, alte Mauern, Bäche und Forellen, Boote unter weißen Segeln, Bilder von Renoir und Matisse, blinkender Stahl, Sterne in blauer Nacht, Springböcke in Tansania, Äpfel an Bäumen und singende Menschen.

Schön ist Gott, herrlich geschmückt, schöner als alles, was schön genannt wird, denn es gehört ihm, singt vor ihm, lacht für ihn, duftet für ihn, glänzt vor ihm, lobt ihn und schmückt ihn.

Nach Psalm 104

Auswählen

Man kann nicht beides haben:
den Rahm und die Butter.

Norwegisches Sprichwort

Jesus sah einen Zolleinnehmer in seinem Zollhaus sitzen. Er hieß Levi. Jesus sagte zu ihm: „Geh mit mir!" Levi ließ alles zurück und folgte Jesus. Später gab Levi für Jesus ein Festessen in seinem Haus. Daran nahmen viele seiner bisherigen Kollegen und andere Bekannte teil. Die Pharisäer, besonders die Gesetzeslehrer unter ihnen, waren darüber aufgebracht und sagten zu den Jüngern: „Warum eßt und trinkt ihr mit den Zolleinnehmern und ähnlichem Gesindel?" Aber Jesus antwortete ihnen: „Nicht die Gesunden brauchen den Arzt, sondern die Kranken. Ich soll nicht die zur Umkehr einladen, bei denen alles in Ordnung ist, sondern die ausgestoßenen Sünder."

Lukas 5, 27–32

Herr der Welt, ich bitte dich, erlöse Israel.
Doch wenn du das nicht willst,
erlöse wenigstens die Andersgläubigen.

Gebet des Rabbi von Kosnitz

Wieder einmal gab ein angesehener Scheich ein großes Fest. Alle Würdenträger des Ortes waren eingeladen, nur der Mullah nicht. Trotzdem sah man ihn unter den Gästen, bei denen er sich wohl fühlte wie ein Fisch im Wasser. Etwas schockiert nahm ihn ein Freund zur Seite: „Wie kommt es, daß du hier bist? Du bist doch gar nicht eingeladen." Voller Nachsicht antwortete der Mullah: „Wenn schon der Gastgeber seine Pflichten nicht kennt und mich nicht einlädt, warum sollte ich dann meine Pflicht versäumen, ein höflicher Gast zu sein?"

Eine Mutter sprach mit ihrem vierzehnjährigen Sohn über seine erste Freundin und fragte:
„Was gefällt ihr denn eigentlich so an dir?"
„Ganz einfach", gab der Junge zur Antwort, „sie findet, daß ich gut aussehe, ein netter, patenter Kerl bin und gut tanzen kann."
„Und was gefällt dir an ihr?"
„Daß sie das findet."

Essen

Nötiger als Brot und alle guten Gaben
ist, daß wir dich, Herr Christ, in unsrer Mitte haben.

Tischgebet

Das Volk Israel kam in die Wüste Sin. Da wurden sie unzufrieden und beklagten sich bei Mose und Aaron: Wären wir doch in Ägypten gestorben! Dort hatten wir genug zu essen! Wir hatten Fleisch im Topf und genug Brot. Wir wurden alle satt. Ihr aber habt uns in die Wüste geführt. Wir sollen hier wohl alle sterben!
Da redete Gott mit Mose. Er sagte: Ich habe gehört, wie das Volk sich beklagt. Sag du zu ihnen: Am Abend sollt ihr Fleisch essen und am Morgen sollt ihr genug Brot haben. Ihr sollt alle satt werden und erkennen: Ich bin euer Gott! Am Abend kam eine Schar Vögel geflogen, das waren Wachteln. Sie ließen sich im Lager nieder, müde vom Flug, und die Leute fingen sie mit den Händen.
Am Morgen war der Boden um das Lager her naß vom Tau. Der Tau trocknete ab. Auf dem Boden lag etwas, das war wie Reif auf der Erde. Die Israeliten sahen es und fragten: Was ist das? Sie wußten nicht, was es war, und nannten es Manna. Mose sagte zu ihnen: Das ist Brot, von Gott gegeben. Sie fanden das Manna jeden Morgen und aßen es.
Da sagte Mose: Niemand soll mehr sammeln, als er für sich und seine Angehörigen für einen Tag zum Leben braucht. Nichts darf bis zum nächsten Morgen übrigbleiben. Doch sie hörten nicht auf ihn. Einige hoben etwas bis zum Morgen auf. Da wurde es wurmig und stank.

Exodus 16 (in Auswahl)

brot muß frisch sein
auch geistiges
unser tägliches brot gib uns heute
nicht schon auf jahre im voraus

wilhelm willms

Wer Sorgen hat mit dem Gewicht,
der sollte öfter fasten,
um seinen Korpus durch Verzicht
mal sinnvoll zu entlasten.
Erfolg wird hierbei nur erreicht
durch den Entzug von Nahrung.
Die Prozedur ist denkbar leicht,
das weiß ich aus Erfahrung.
Bei Fastenkuren darf man nie
das Wichtigste vergessen:
Zum Hungern braucht man Energie.
Und diese kommt – vom Essen!

Hanns vom Rhein

Fröhlich vom Fleisch zu essen, das saftige Lendenstück,
und mit dem Roggenbrot,
dem ausgebackenen, duftenden,
den Käse vom großen Laib
und aus dem Krug das kalte Bier zu trinken,
das wird niedrig gescholten.
Aber ich meine, in die Grube gelegt werden,
ohne einen Mundvoll guten Fleisches
genossen zu haben,
ist unmenschlich,
und das sage ich,
der ich ein schlechter Esser bin.

Bertolt Brecht

Ausschließen

Nehmen Sie die Menschen, wie sie sind.
Andere gibt's nicht.

Konrad Adenauer

Fahrend in einem bequemen Wagen
auf einer regnerischen Landstraße
sahen wir einen zerlumpten Mann bei Nachteinbruch
der uns winkte, ihn mitzunehmen, sich tief verbeugend.
Wir hatten ein Dach und wir hatten Platz
und wir fuhren vorüber.
Und wir hörten mich sagen,
mit einer grämlichen Stimme:
Nein
Wir können niemand mitnehmen.
Wir waren schon weit voraus,
einen Tagesmarsch vielleicht,
als ich plötzlich erschrak über diese meine Stimme
dies mein Verhalten
und diese ganze Welt

Bertolt Brecht

Niemals die einen
gegen die andern

Niemals die einen
über den andern

Niemals die einen
ohne die andern

Lothar Zenetti

Ich und du,
Müllers Kuh,
Müllers Esel,
das sind die anderen.

Friedel Thiekötter

„Mein Honig und Blütenstaub gehören mir und keinem anderen!" sagte die Blume und ließ weder Biene noch Schmetterling naschen. Darum welkte sie ziel- und zwecklos dahin und starb ohne Frucht und Samen.

Jesus zog weiter, ging seinen Weg und kam in das Gebiet von Tyros und Sidon. Dort lebte eine Frau, die aus Kanaan stammte; sie kam heraus und fing an zu schreien: „Herr! Du Sohn Davids! Hab Mitleid! Meine Tochter wird von den Geistern gequält."
Aber Jesus sagte kein einziges Wort. Da kamen seine Jünger zu ihm: „Schick die Frau fort! Hör nur, wie sie hinter uns schreit!" Jesus antwortete ihnen:
„Gesandt worden bin ich
zu den verlorenen Schafen aus Israels Haus.
Zu niemandem sonst."
Da fiel die Frau vor ihm nieder und sagte: „Hilf mir, Herr!"
Jesus antwortete ihr: „Es ist nicht gut, den Kindern Brot wegzunehmen und es den Hunden zum Fraß hinzuwerfen."
„Ja, Herr", sagte die Frau, „das ist wahr. Aber die kleinen Hunde im Haus fressen auch die Brocken, die ihre Herren unter den Tisch werfen." Da sagte Jesus: „Dein Glaube ist groß. Es soll geschehen, wie du willst", und in der gleichen Stunde wurde ihre Tochter gesund.

Matthäus 15, 21–28

Hungern

Brot denen die Hunger haben.
Hunger denen die Brot haben.

An einem Sabbat ging Jesus durch die Kornfelder. Seine Jünger hatten Hunger; sie rissen deshalb Ähren ab und aßen davon. Die Pharisäer sahen es und sagten zu ihm: Deine Jünger tun etwas, das am Sabbat verboten ist. Da sagte er: Habt ihr nicht gelesen, was David getan hat, als er und seine Begleiter hungrig waren – wie er in das Haus Gottes ging und wie sie die heiligen Brote aßen, die weder er noch seine Begleiter, sondern nur die Priester essen durften? Ich sage euch: Hier ist einer, der größer ist als der Tempel.

Matthäus 12, 1–4.6

Für die einen heißt Leben:
Dach überm Kopf
Brot auf dem Tisch
und arbeiten können
heute und morgen.

Für die andern heißt Leben:
Antenne am Dach
Wurst auf dem Brot
nicht arbeiten brauchen
heute und morgen

Lothar Zenetti

ohne hunger und durst
wirst du unter den satten nicht auffallen
ohne hunger und durst
wirst du mit dir selbst zufrieden sein
ohne hunger und durst
wirst du den hunger und durst anderer
nicht verstehen

ohne hunger und durst
wirst du gott nicht sehen
denn den sehnsüchtigen und suchenden
gibt er gnade

ulrich schaffer

Brief eines Vietnamkindes

Meine liebe Mutter, ich habe soviel Sehnsucht nach Dir. Ich habe soviel geweint, daß ich keine Tränen mehr habe. Liebe Mutter, hier in Deutschland bekomme ich auch Reis zu essen. Heute nacht habe ich mich so nach Dir gesehnt, daß ich nicht schlafen konnte. Hier spricht man Deutsch. Ich habe ein Spielzeug, und mein Nachbar hat einen Hund. Hier habe ich auch mein eigenes Bett.
Ich denke immer nur an Dich.

Bitten

Wer verzagt ist im Bitten,
macht den andern beherzt im Abschlagen.

Bitten der Kinder

Die Häuser sollen nicht brennen.
Bomben soll man nicht kennen.
Die Nacht soll für den Schlaf sein.
Leben soll keine Straf' sein.
Die Mütter sollen nicht weinen.
Keiner soll töten einen.
Alle sollen was bauen.
Da kann man allen trauen.
Die Jungen sollen's erreichen.
Die Alten desgleichen.

Bertolt Brecht

„Papa, ich wünsche mir zum Geburtstag ein Flugzeug, das kleine Bomben abwerfen kann." „Ich habe dir schon oft gesagt, daß kein Kriegsspielzeug in unser Haus kommt!" „Aber Rudi hat doch auch..." „Was Rudi oder sonst wer hat, ist piepegal." „Aber ich habe doch schon einmal..." „Bomben explodieren und töten viele Menschen."
„Ich will doch nur ein Spielzeug. Ich will gar keinen töten. Huhu..." „Schluß jetzt! Geh ins Bett! Sonst explodiere ich noch!"

Hans-Jürgen Jaworski

Schenke mir eine gute Verdauung, Herr,
und auch etwas zum Verdauen!
Schenke mir Gesundheit des Leibes
mit dem nötigen Sinn dafür,
ihn möglichst gut zu erhalten.

Thomas Morus

Als Jesus nach Jericho kam, saß ein Blinder an der Straße und bettelte. Der hörte, daß viele Menschen vorbeigingen, und fragte: Was hat das zu bedeuten? Man sagte zu ihm: Jesus von Nazaret geht vorüber. Da rief er: Jesus, Sohn Davids, hab Erbarmen mit mir! Die Leute, die vorausgingen, wurden ärgerlich und befahlen ihm zu schweigen. Er aber schrie noch viel lauter: Sohn Davids, hab Erbarmen mir mir! Jesus blieb stehen, ließ ihn zu sich her führen und fragte ihn: Was soll ich dir tun? Er antwortete: Herr, ich möchte wieder sehen können. Da sagte Jesus zu ihm: Du sollst wieder sehen. Dein Glaube hat dir geholfen. Im gleichen Augenblick konnte er wieder sehen. Da pries er Gott und folgte Jesus. Und alle Leute, die das gesehen hatten, lobten Gott.

Lukas 18, 35–43

Jesus ist unterwegs
Ein Mann ruft ihn an
Ich sehe keinen Weg – blind bin ich
Jesus verschafft ihm eine neue Sicht
und sagt
Sie haben gut daran getan
mich anzurufen

Kurt Wolff

Teilen

Es gibt Reichtümer, an denen man zugrunde geht, wenn man sie nicht mit anderen teilen kann.

Michael Ende

Verkauft eure Habe und gebt den Erlös den Armen! Macht euch Geldbeutel, die nicht zerreißen. Verschafft euch einen Schatz, der nicht abnimmt, droben im Himmel, wo kein Dieb ihn findet und keine Motte ihn frißt. Denn wo euer Schatz ist, da ist auch euer Herz.

Lukas 12, 33. 34

Vergeßt nicht, Gutes zu tun und mit anderen zu teilen, denn an solchen Opfern hat Gott Gefallen.

Hebräer 13, 16

Ich habe dich so lieb!
Ich würde dir ohne Bedenken
eine Kachel aus meinem Ofen
schenken.

Joachim Ringelnatz

Gott teilt sich mit – er wird Mensch
Er wird Jude – er wird Palästinenser
Er wird zerteilt
So kommt er unter die Menschen

Unter Menschen lebt er, leidet er
stirbt er, lebt er heute und morgen

Die einen hoffen was die anderen fürchten
daß er nicht nur sich selbst mitteilt
sondern daß er alles teilt was er ist was er hat

Frieden – Gerechtigkeit – Freiheit – Liebe

Er teilt mit mir
mit dem letzten Menschen seine Würde
Jeder trägt sein Bild, jeder ist sein Bild
in Kwangju und Kabul, in Soweto und San Salvador
in Stuttgart und Ich-weiß-nicht-wo

Er opfert seinen Frieden, seine Gerechtigkeit
seine Freiheit, seine Liebe
den Menschen auf der Erde
allen zum Wohlgefallen

Er vergißt nicht
Gutes zu tun

Er verändert Menschen und Verhältnisse
die Unfrieden und Unrecht
die Unfreiheit und Lieblosigkeit
mitsamt ihrer expansiven Verwandtschaft
schaffen, dulden, verharmlosen

Er teilt mit mir – er teilt sich mir mit
Er teilt durch mich anderen mit
was der Teilung und Mitteilung wert ist

Martin Stöhr

Bedienen

Wir waschen einander lieber den Kopf
als die Füße.

Ja, die Ruth fand den Mut
und sprach zum Vater: „Sei so gut
und höre mir in aller Ruh,
bitte schön, ein Weilchen zu.
Warum redet man mir ein,
Mädchen müßten braver sein als die Knaben,
warum haben wir als Frauen drauf zu schauen,
daß wir uns tipp-topp betragen,
fromm die Augen niederschlagen,
uns mit Einkaufstaschen plagen,
Hosen bügeln oder Kragen,
während sich die Männer raufen,
fesseln mit den Lassoschlaufen,
schreiend um die Wette laufen,
Klingeln für die Räder kaufen?
Vater, sag, wieso, warum?"
Vater hüstelte verlegen,
rang nach Atem und blieb stumm.

Hans Manz

„Ich und mein Esel", sagte der Mann auf dem Eselsrücken,
„sind vollkommen frei. Wir reiten, wohin wir wollen." „Jawohl,
so ist es", sagte der Esel.

Gabriel Laub

Jesus und die Jünger feierten miteinander das Passahmahl. Während des Essens erhob sich Jesus vom Tisch, legte sein Obergewand ab und band sich eine Schürze um. Dann goß er Wasser in ein Becken und fing an, seinen Begleitern die Füße zu waschen und sie mit der Schürze zu trocknen (wie damals die Sklaven taten). Als er zu Petrus kam, wehrte der sich: Was soll das? Du willst mir die Füße waschen? Jesus antwortete: Was ich tue, verstehst du jetzt noch nicht. Wie ich aber als euer Herr und Meister euch die Füße wasche, so sollt ihr einander die Füße waschen. Ein Beispiel habe ich euch gegeben für das, was ihr tun sollt. Das steht fest: Der Knecht ist nicht größer als sein Herr und der Gesandte nicht größer als sein Auftraggeber.

Johannes 13, 4–7. 14–16

Laß mich dienen ohne Aufdringlichkeit, laß mich andern helfen, ohne sie zu demütigen. Mach mich mit dem Boden vertraut und allem, was niedrig ist und unansehnlich, daß ich mich kümmere, um was sich niemand kümmert, und lehre mich warten, zuhören und schweigen. Mach mich klein und so arm, daß auch andere mir helfen können. Schick mich auf den Weg in diese Welt.

Huub Oosterhuis

Zugreifen

Freiheit, Gleichheit, Brüderlichkeit!
Aber wie gelangen wir zu den Tätigkeitsworten?

Stanislaw Jerzy Lec

Jesus kam an eine samaritische Stadt namens Sichar. Weil er nun müde war von der Reise, setzte er sich an den sogenannten „Brunnen des Jakob", als es gerade Mittag war. Da kam eine Frau, eine Samariterin, um Wasser zu holen, und Jesus bat sie: Gib mir zu trinken! Die Frau wunderte sich und fragte: Du bist doch ein Jude! Wie kommst du dazu, mich, eine samaritische Frau, um Wasser zu bitten? (Denn die Juden haben keine Gemeinschaft mit den Samaritern.) Da antwortete Jesus: Verstündest du, wie nahe dir Gottes Geschenk ist, und wüßtest du, wer der ist, der dich um Wasser bittet, du würdest die Bitte umkehren. Du würdest ihn um quellfrisches Wasser bitten, und er würde es dir geben! Wer von diesem Wasser trinkt, wird wieder Durst haben, wer aber von dem Wasser trinken wird, das ich ihm gebe, den wird nie wieder dürsten, denn das Wasser, das ich ihm gebe, wird in ihm zu einer Quelle werden, aus der ihm ewiges Leben zufließt. Da bat ihn die Frau: Herr, gib mir dieses Wasser, daß ich meinen Durst nicht mehr stillen und nicht immerfort hierher kommen muß, um zu schöpfen.

Johannes 4 (in Auswahl)

Herr, du hast mich ergriffen, und ich konnte dir nicht widerstehen. Ich bin weit gelaufen, aber du hast mich verfolgt. Ich habe Umwege gemacht, aber du hast sie erkannt. Du hast mich wieder getroffen. Ich habe mich gesträubt. Du hast gewonnen.

Michel Quoist

Sie sind schon fünfzig Jahre verheiratet und sitzen still nebeneinander in der Bahn. Da steigen zwei Verliebte ein und setzen sich dem alten Paar gegenüber. Zuweilen küßt der junge Mann das Mädchen. Die alte Frau schaut leuchtenden Auges zu. Plötzlich flüstert sie ihrem Gatten ins Ohr: Das dürftest du auch wieder einmal tun! Der erwidert erschrocken: Was fällt dir ein, ich kenne die ja gar nicht!

Eine Hand streckt sich nach mir aus,
ich strecke meine Hand aus –
wir wollen gemeinsam Lasten tragen,
ohne daran zu zerbrechen;
ich will den anderen festhalten,
aber auch wieder loslassen;
ich will dem anderen nahe sein,
ohne mich zu verlieren;
ich will den anderen schützen,
ohne ihn zu vereinnahmen;
ich will . . .
Was will der andere von mir?

Herr,
laß uns die ausgestreckte Hand nicht übersehen;
gib uns Mut, auf sie zuzugehen:
heute und zu allen Zeiten.

Sättigen

Schenkst du jemand einen Fisch, machst du ihn satt.
Lehrst du ihn fischen, machst du ihn für ein Leben satt.

Iß, was dir vorgesetzt wird,
wie ein Mensch,
und greif nicht gierig zu,
damit man dich nicht mißachtet.
Um des Anstandes willen
höre du zuerst auf
und sei kein Vielfraß,
damit du keinen Anstoß erregst.
Der Wein, zur rechten Zeit
und im rechten Maß getrunken,
erfreut Herz und Seele.
Aber wenn man zuviel davon trinkt,
bringt er Herzeleid.
Dank für alles dem, der dich geschaffen
und mit seinen Gütern gesättigt hat.

Jesus Sirach 31 (in Auswahl)

Lobe den Herrn, meine Seele,
ja, nicht nur mein Kopf für die guten Gedanken,
ja, nicht nur mein Bauch für das saftige Schnitzel,
lobe den Herrn, meine Seele,
also: ich ganz, alles, was in mir ist,
lobe den Herrn
und vergiß ihn nicht.

Joachim Schöne

Jesus rief seine Jünger zu sich und sagte: Ich habe Mitleid mit diesen Menschen; sie sind schon drei Tage bei mir und haben nichts mehr zu essen. Ich will sie nicht hungrig wegschicken, sonst brechen sie unterwegs zusammen. Da sagten die Jünger zu ihm: Wo sollen wir in dieser unbewohnten Gegend so viel Brot hernehmen, um so viele Menschen satt zu machen? Jesus sagte zu ihnen: Wie viele Brote habt ihr? Sie antworteten: Sieben, und noch ein paar Fische. Da forderte er die Leute auf, sich auf den Boden zu setzen. Und er nahm die sieben Brote und die Fische, sprach das Dankgebet, brach die Brote und gab sie den Jüngern, und die Jünger verteilten sie an die Leute. Und alle aßen und wurden satt.

Matthäus 15, 32-37

Du hast vollkommen recht:
Der Glaube macht nicht satt,
im Gegenteil:
Er verhindert, daß du satt wirst,
er macht hungrig, Hunger weckt er
und Durst nach Gerechtigkeit.
Doch dieser Hunger ist der beste Koch.

Lothar Zenetti

Hans Zimmermann,
der nie mit Schlaf war satt zu machen,
ruht hier und fürchtet nichts,
als wieder aufzuwachen.

Grabinschrift

Zusammensitzen

Viel Kälte ist unter den Menschen,
weil wir nicht wagen, uns so herzlich zu geben,
wie wir sind.

Albert Schweitzer

Endlich Ferien!
In unser Auto paßt nichts mehr hinein.
Die Koffer hat der Vater auf dem Dach festgeschnallt.
Wir fahren in die Berge. Wir freuen uns schon sehr.
Jetzt haben Vater und Mutter Zeit für uns.
Wir wandern, wir schwimmen, wir spielen.
Und abends sitzen wir beieinander und erzählen noch.
Gott, gib,
daß wir uns in den Ferien wieder näherkommen
und laß uns gesund nach Hause zurückkehren.

Sie saßen ums Feuer, dicht an dicht,
verstanden aber ihre Sprachen nicht,
Antonio, Leila, Jimmy und Pierre,
aus Texas und Thailand, von überallher.
Dann kamen Lieder aus ihren Reihn,
und die anderen fielen in den Kehrreim ein,
„holè", „lamdidel", „tralala" und „hej",
„halli hallo", „jompti" und „yippie-yeah".
Ob aus Asien, Europa oder Amerika,
sie kamen auf einmal einander nah
durch den Kammerton a.

Otto Heinrich Kühner

Wenn aber niemand sonst da ist
Wenn sie sonst nirgendwohin gehen können
Es müßte doch so sein, daß jeder Mensch
Wenigstens irgendwohin gehen könnte
Denn es kommen Zeiten vor
Wo man unbedingt irgendwohin gehen muß

Fjodor M. Dostojewski

Jemand hat zu mir gesprochen
und nicht an mir vorbei.
Jemand hat sich mit mir eingelassen
und nicht das Risiko gescheut.
Jemand hat mir zugehört
und nicht auf die Uhr gesehen.
Jemand hat sich mir zugewandt
und nicht unschuldige Augen gemacht.
Jemand hat mich mitgenommen
und nicht sitzenlassen.
Jemand hat sich helfen lassen
und nicht stolz abgelehnt.
Jemand hat sich als Christ bewährt.

Josef Dirnbeck/Martin Gutl

Die Gemeinde blieb beständig bei der Lehre der Apostel, bei der Gemeinschaft, beim Brotbrechen und bei den Gebeten. Furcht Gottes kam auf bei jedermann: viele Zeichen und Wunder geschahen durch die Apostel. Alle, die zum Glauben gekommen waren, verwalteten ihre ganze Habe als Gemeinbesitz. Ihre Grundstücke und sonstigen Güter verkauften sie und verteilten den Erlös an alle, sooft einer etwas nötig hatte. Tag für Tag trafen sie sich einmütig im Tempel, brachen das Brot in den verschiedenen Häusern, hielten gemeinsame Mahlzeiten voller Jubel und mit lauterem Herzen, priesen Gott und waren beliebt im Volk.

Apostelgeschichte 2, 42–47

Danken

Wer dankt, denkt weiter.

Ich kann wieder aufatmen,
denn Gott hat mich Gutes erfahren lassen.
Ich war ganz daneben, aus dem Gleichgewicht,
und habe mich wieder fangen können.
Im Vertrauen auf Gott werde ich leben.
Mein Leben ist hart und wird es bleiben,
aber ich glaube.
In meiner Verzweiflung meinte ich:
Die Menschen sind schlecht.
Aber sie haben mir geholfen.
Wie meinen Dank ausdrücken?
Es sollen nicht nur Worte sein.
Aus den Erfahrungen, die ich gewonnen habe,
will ich nun leben.

F. K. Barth/G. Grenz/P. Horst

Gott sei uns gnädig und segne uns.
Er lasse über uns sein Angesicht leuchten,
damit auf Erden sein Weg erkannt wird
und unter allen Völkern sein Heil.
Die Völker sollen dir danken, o Gott,
danken sollen dir die Völker alle.
Die Nationen sollen sich freuen und jubeln.
Denn du richtest den Erdkreis gerecht.
Du richtest die Völker nach Recht
und regierst die Nationen auf Erden.
Die Völker sollen dir danken, o Gott,
danken sollen dir die Völker alle.

Psalm 67, 2-6

Dankbarkeit ist das Gedächtnis des Herzens.

Ich wollte gern den Bus nehmen, und dann tat ich es nicht, weil ich nicht das Geld dafür hatte. Das heißt: Ich wollte es nicht dafür ausgeben. Für jemand mit meinen Mitteln ist der Fahrpreis hoch. Ich sagte mir: „Dann laufe ich eben." Allerdings tat ich es nicht gern, denn ich war ein bißchen müde und stellte es mir langweilig vor, einen Fuß vor den andern zu setzen, vor allem, wenn man den Weg schon hundertmal gegangen ist.

Und dann schickst du diesen Lichtzauber, Herr. Wie schön das war! Der Himmel ganz in Aprikosen- und Goldfarbe getaucht, davor die Bäume als Silhouetten. Innerhalb einer Stunde kreiste und tanzte das Licht, und dann erlosch es, und ein einziger Stern stand am Himmel.

Es wäre nicht genug zu sagen, daß ich froh bin, zu Fuß gegangen zu sein. Und wenn ich überhaupt von deiner Güte und Herrlichkeit sprechen sollte, müßte ich laut jubeln und singen. Ekstase – das verstehen die Menschen nicht bei einer 76jährigen, und so alt bin ich nun einmal. Aber manchmal, lieber Gott, nur zwischen uns beiden, da singe und jubele ich doch – einfach aus Freude am Leben.

Elise Maclay

Reden

Es genügt nicht, daß man zur Sache spricht,
man muß zu den Menschen sprechen.

Stanislaw Jerzy Lec

Im Sommer machen wir immer lange Spaziergänge. Wir gehen in den Wald und Vati zeigt mir die verschiedenen Bäume. Die Birken erkennt man an ihrem silberweißen Stamm, die Lärchen an ihren weichen Nadeln. Wir gehen zum Bach, und Vati zeigt mir die Blumen am Wasser: Sumpfdotterblumen, Wiesenschaumkraut und Vergißmeinnicht. Manchmal legen wir uns mitten in eine Wiese und spielen das „Frag-mich-was-Spiel". Da darf ich Vati alles fragen, was mir einfällt: Wieso eine ganz gerade Straßenbahn eine runde Kurve fahren kann . . . Oder was die Schnecke denkt, die da den Grashalm hinaufkriecht. Vati sagt: Schnecken denken überhaupt nicht, nur Menschen denken. Ich frage auch, ob es wahr ist, was Onkel Tassilo erzählt: daß es Kinder gibt, die immer, immer brav sind . . . „Nein!" sagt Vati. „Die gibt es nicht."

Mira Lobe

Gott
du gibst uns Zeit
du gibst uns das Leben
du gibst uns das Wort
Zeit zu leben
und das Wort zur Zeit

Fritz Gaßner

Mein Mund soll erzählen
von der Verläßlichkeit des Herrn,
vom Morgen bis zum Abend
von seinem Beistand.
Ich gehe einher in der Kraft,
die mir der Herr gab,
ich preise deine Gerechtigkeit allein.
Von Jugend an kannte ich deinen Willen,
und bis heute erzähle ich,
was du Wunderbares für mich getan hast.
Wenn ich nun alt werde und grau,
mein Gott, verlaß mich nicht.
Denn ich will deine Macht verkündigen
dem kommenden Geschlecht,
deine Kraft und deine Treue
bis zum Tode.
Ich habe viel Jammer erlebt,
viel großes Unheil,
du aber gabst mir das Leben wieder!
Wie aus dem Grab hast du
mich wieder ins Leben gerufen.
Du hast mich sehr groß gemacht
und mich wieder getröstet.
Nun will ich dich rühmen mit Liedern,
die ich zur Harfe singe.
Ich will von deiner Treue reden, mein Gott.
Meine Lippen sollen dir singen,
und mein Herz dich preisen,
mein Herz, das fröhlich wurde durch dich.

Psalm 71 (in Auswahl)

Konflikte
durchstehen

Bewegt

Die Zeit schreitet voran.
Und du, Mensch?

Stanislaw Jerzy Lec

Herr ZETT,
sind Sie auf Veränderungen aus?
Aber ja, antwortete er. Auf meine.

Kurtmartin Magiera

Ich komm, weiß nicht woher,
Ich bin und weiß nicht wer,
Ich leb, weiß nicht wie lang,
Ich sterb und weiß nicht wann,
Ich fahr, weiß nicht wohin:
Mich wundert's, daß ich fröhlich bin.

Da mir mein Sein so unbekannt,
geb ich es ganz in Gottes Hand.
Die führt es wohl, so her wie hin:
Mich wundert's, wenn ich traurig bin.

Hans Thoma

Gott sollten die Menschen suchen, ob sie ihn vielleicht ertasten und finden könnten. Und wirklich, für keinen von uns ist er in unerreichbarer Ferne! Denn in ihm leben wir, in ihm bewegen wir uns, in ihm sind wir.

Apostelgeschichte 17, 27.28

So wie Jesus mit seinem
„Friede sei mit euch"
auf Menschen zuging
und seine Zeit in Bewegung brachte,
so können wir unsere Zeit
in Bewegung bringen,
wenn wir auf Menschen zugehen,
sagen und wahrmachen:
Friede sei mit euch.

Kräftig bewegst du,
lebendiger Gott,
die Geschichte der Menschen und Völker
aus Erstarrung zum Aufbruch.
Laß unser Leben bewegt werden
vom Geist des Evangeliums,
von dem langen Atem der Liebe Jesu,
der auch durch unsere Tage weht.

F. K. Barth/G. Grenz/P. Horst

Zwiespältig

Die Unglücklichen und die Schlaflosen
sind immer auch ein bißchen stolz auf ihr Malheur.

Bertrand Russell

Was haben wir versäumt?
Wir haben doch gearbeitet,
uns hochgearbeitet
und etwas aufgebaut,
wir haben doch getan,
was wir konnten.
Was haben wir versäumt?
Wir haben doch gesorgt
für Familie und Kinder,
da war uns nichts zuviel,
wir haben doch getan,
was wir konnten.
Was haben wir versäumt?

Lothar Zenetti

In meinem Hause
Wohnen zwei Schwestern.
Fragt man die beiden,
Wie es denn geht?
Lächelt die eine:
„Besser als gestern!"
Aber die andere
Seufzt voller Sorgen:
„Besser als morgen,
Besser als morgen."

Mascha Kaléko

Und wird die Welt auch noch so alt,
der Mensch, der bleibt ein Kind.
Zerschlägt sein Spielzeug mit Gewalt,
wie eben Kinder sind.
Wenn alles erst in klein zerstückt
und nichts mehr zu verderben,
so sucht er wieder – neu beglückt –
und spielt dann mit den Scherben.

Carl Spitzweg

Ich lebe unter Mördern,
lasse sie morden.
Ich bin weder hier noch dort,
weder tot noch lebendig,
weder unfrei noch frei.
Dies ist meine Antwort
auf deine Frage: Wie geht es dir?

Ursula Adam

Man brachte einen Menschen zu Jesus: der war blind und taub und stumm und von den Geistern besessen. Er aber heilte ihn, und der Stumme konnte wieder reden und sehen. Da geriet das Volk außer sich, und die Menschen riefen: „Ist dies Davids Sohn?" Die Pharisäer aber, die das gehört hatten, sagten: „Er treibt die Teufel mit Satanas aus, dem Fürsten der Teufel."
Doch Jesus kannte ihre Gedanken und sagte:
„Das Reich, mit sich entzweit, wird zur Wüste. Die gespaltene Stadt bleibt nicht stehen. Das Haus, das zerteilt ist, hat keinen Bestand. Wenn Satan den Satan austreibt, ist Satan mit Satan zerstritten und seine Herrschaft dahin! Wenn ich aber den Teufel durch den Geist Gottes austreibe, dann ist das Reich schon da und der Herrscher schon zu euch gekommen."

Matthäus 12, 22–28 (in Auswahl)

Verzweifelt

Woher den Mut nehmen?
Die Mutigen geben ihn nicht her.

Stanislaw Jerzy Lec

Ja schelte nur und fluche fort,
es wird sich Bessres nie ergeben,
denn Trost ist ein absurdes Wort.
Wer nicht verzweifeln kann,
der muß nicht leben.

Johann Wolfgang von Goethe

Werde ich gefragt, ob ich keine Probleme hätte, so antworte ich: „Wer hat die nicht?" Solche Ausreden fallen mir ein, wenn ich abends weinend auf dem Bett liege und nicht einschlafen kann. Dann möchte ich am liebsten losschreien: „Laßt mich in Ruhe! Ich möchte fort von allem, fort aus der Welt!" Aber es nutzt ja nichts. Sie haben keine Ahnung von meiner Verzweiflung.

Schönster aller Zweifel,
wenn die verzagten Geschwächten den Kopf heben
und an die Stärke ihrer Unterdrücker
nicht mehr glauben.

Bertolt Brecht

Es war einmal ein arm Kind und hatt kein Vater und keine Mutter, war alles tot, und war niemand mehr auf der Welt. Alles tot, und es is hingegangen und hat gesucht Tag und Nacht. Und weil auf der Erde niemand mehr war, wollt's in Himmel gehn, und der Mond guckt es so freundlich an; und wie es endlich zum Mond kam, war's ein Stück faul Holz. Und da ist es zur Sonn gangen, und wie es zur Sonn kam, war's ein verwelkte Sonneblum. Und wie's zu den Sternen kam, waren's kleine goldne Mücken. Und wie's wieder auf die Erde wollte, war die Erde ein umgestürzter Hafen. Und es war ganz allein. Und da hat sich's hingesetzt und geweint, und da sitzt es noch und is ganz allein.

Georg Büchner

Gott sagt:
Ich werde dich verzweifeln lassen,
weil ich die Hoffnung bin.

Léon Bloy

An regnerischen Nachmittagen
unter der Last der Sterblichkeit
stöhnen und lechzen
nach dem, was wie ein Niagara
lärmend und unaufhaltsam vorm Fenster vorbeirauscht:
Leben, unfaßbar.

Günter Kunert

Zion sagt: Der Herr hat mich verlassen, Gott hat mich vergessen. – Kann denn eine Frau ihr Kindlein vergessen, eine Mutter ihren leiblichen Sohn? Und selbst wenn sie ihn vergessen würde: Ich vergesse dich nicht. Sieh her: Ich habe dich eingezeichnet in meine Hände, deine Mauern habe ich immer vor Augen, spricht Gott.

Jesaja 49, 14–16

Leer

Leer ohne Inhalt ist gehaltlos.

Durch so viel Formen geschritten,
durch Ich und Wir und Du.
Doch alles blieb erlitten
durch die ewige Frage: Wozu?

Das ist eine Kinderfrage.
Dir wurde erst spät bewußt,
es gibt nur eines: Ertrage
– ob Sinn, ob Sucht, ob Sage –
dein fernbestimmtes: Du mußt.

Ob Rosen, ob Schnee, ob Meere –
was alles erblühte, verblich.
Es gibt nur zwei Dinge:
die Leere
und das gezeichnete Ich.

Gottfried Benn

Dahin sind meine Tage, zunichte meine Pläne, meine Herzenswünsche. Sie machen mir die Nacht zum Tag, das Licht nähert sich dem Dunkel. Ich habe keine Hoffnung. Die Unterwelt wird mein Haus, in der Finsternis breite ich mein Lager aus. Wo ist dann meine Hoffnung und wo mein Glück? Wer kann es schauen?

Ijob 17, 11–13.15

Ich kenne einen,
der hat alles, was man hat:
sein Einkommen und Auskommen,
eine rundum gesicherte Existenz,
und das zeigt er, und das sieht man.
Er hat alles, was man haben kann,
nur eines nicht,
Liebe.
Und er weiß nicht einmal,
was das ist.

Lothar Zenetti

das ist nichts
du drehst am radio
wenn jemand dich anriefe
wäre das anders
aber niemand ruft dich
mit dem echo des tages
bist du allein
das ist nichts.

Rudolf Bohren

Rabbi Pinchas wurde gefragt: Was meint der Prediger Salomo, wenn er sagt: „Eitelkeit der Eitelkeiten, alles ist eitel?"
Er sagt das, gab der Rabbi zur Antwort, weil er die Welt zunichte machen will, damit sie ein neues Leben empfange.

Martin Buber

Betroffen

Er mußte erst mit dem Kopf gegen die Bäume rennen,
ehe er merkte, daß er auf dem Holzwege war.

Die Schleiereule, irgendwie bewegt,
hat eines Tags den Schleier abgelegt.
Jedoch, was sonst sie durch den Schleier sah,
zart und entfernt, war nun bedrohlich nah.
„Beschämend!" rief die Eule. „Diese Welt,
die man für schön und für vernünftig hält,
wie ist sie, wenn man sie genau beschaut,
grob und gemein und so, daß einem graut!"
Die Eule flog zurück in ihren Tann
und legte rasch den Schleier wieder an.

Rudolf Otto Wiemer

Noch vor dem Frühstück, dem Traum kaum entronnen,
Überfliege ich, mit gesenkten Schwingen,
Das Wesentliche im Morgenblatt.
Mindestens eine Flugzeugentführung,
Diverse Versuche mit todsicheren Strahlen.
Aufruhr. Erpressung. Und Inflation.
Dürre und Flut und Mangel
An Süß- und Sauerstoff.
Die Fische krepieren am Wasser,
Die Menschen am Fisch.
Weh mir! Ich kann das Weltgeschehen
Nicht ändern
Und die Geschicke
Nicht abwenden.
Ich werde die Zeitung abbestellen.

Mascha Kaléko

Jesus sagte zu Simon: „Fahr hinaus auf den See und wirf mit deinen Leuten die Netze zum Fang aus!" Simon erwiderte: „Wir haben uns die ganze Nacht abgemüht und nichts gefangen. Aber weil du es sagst, will ich die Netze noch einmal auswerfen." Sie taten es und fingen so viele Fische, daß die Netze zu reißen begannen. Sie mußten die Freunde im anderen Boot zur Hilfe herbeiwinken. Schließlich waren beide Boote so überladen, daß sie fast untergingen.
Als Simon Petrus das sah, fiel er vor Jesus auf die Knie und bat: „Herr, geh fort von mir! Ich bin ein sündiger Mensch." Denn ihn und die anderen, die bei ihm im Boot waren, hatte die Furcht gepackt, weil sie einen so gewaltigen Fang gemacht hatten.

Lukas 5, 4-9

Oft gehe ich stundenlang pausenlos
in meinem Zimmer auf und ab,
ohne zu wissen,
warum ich stundenlang pausenlos
in meinem Zimmer auf und ab gehe.
Und während ich stundenlang pausenlos
in diesem meinem Zimmer auf und ab gehe,
erkenne ich plötzlich,
daß mein ganzes Dasein
nie etwas anderes gewesen ist
als ein einziges
stundenlanges pausenloses
Aufundabgehen in diesem meinem Zimmer.

Gerd F. Jonke

Ich möchte Leuchtturm sein in Nacht und Wind
für Dorsch und Stint, für jedes Boot –
und bin doch selbst ein Schiff in Not.

Wolfgang Borchert

Nachdenklich

Ein Gedanke kann nicht erwachen,
ohne andere zu wecken.

Marie von Ebner-Eschenbach

Der schottische richter nigel thomson
verurteilte eine ladendiebin zum kuchenbacken
ein halbes jahr lang soll sie jeden monat einen kuchen
groß genug
für vierundzwanzig rentner im altersheim backen

Das urteil des richters ist weise
weil es zum nachdenken bringt
über den wunsch geliebt zu werden
und die seltsamen wege zu seiner erfüllung
es ist eine ästhetische lösung
weil die strafe sinnlich bleibt und der tat verbunden
auch lehrt sie uns
die häßlichkeit von geld- und haftstrafen besser erkennen
es ist ein heiteres urteil
weil es uns heiterer macht

Der ungewöhnliche richter aus edinburgh
hat die weisheit
die schönheit
und die heiterkeit der welt
im mai 1978 geringfügig vermehrt

Sagte das einer von dir oder mir
wir hätten gut kuchen essen.

Dorothee Sölle

„Die Weißen", sagte der Indianer, „wollen immer etwas, sie sind immer unruhig und rastlos. Wir wissen nicht, was sie wollen. Wir verstehen sie nicht. Wir glauben, daß sie verrückt sind."
Ich fragte ihn, warum er denn meine, die Weißen seien alle verrückt. Er entgegnete: „Sie sagen, daß sie mit dem Kopf denken."
„Aber natürlich. Wo denkst du denn?" fragte ich erstaunt.
„Wir denken hier", sagte er und deutete auf sein Herz.

Carl Gustav Jung

Die besten Gedanken kommen uns,
wenn wir nicht bloß denken.

Wohl dem Mann, der nicht dem Rat der Frevler folgt,
nicht auf dem Weg der Sünder geht,
nicht im Kreis der Spötter sitzt,
sondern Freude hat an der Weisung des Herrn,
über seine Weisung nachsinnt bei Tag und bei Nacht.
Er ist wie ein Baum,
der an Wasserbächen gepflanzt ist.

Psalm 1, 1–3

Entschlossen

Tue das Gute vor dich hin und bekümmere dich nicht,
was daraus werden wird.
Wolle nur eines, und das wolle von Herzen.

Matthias Claudius

Entschlossen,
edel, hilfreich und gut zu den Menschen zu sein,
entschlossen,
mein Leben zu ändern und etwas Neues zu wagen,
erkenne ich,
wieviel Ängste mich festhalten,
wieviel Gründe ich aufbiete,
um doch wieder zu sagen: Nein.
Du aber,
Gott, Bruder,
entschlossen,
dich nicht beirren zu lassen
durch mein Widerstreben, meine Verschlossenheit,
sagst Ja zu mir
und machst mir Mut,
mich zu verlassen
ganz auf dich
und mich endlich zu entschließen, dich zu bitten:
Du bist der Weg – mach mich beweglich.
Du bist die Wahrheit – mach mich wahrhaftig.
Du bist das Leben – mach mich lebendig.

Jesus sagt: Wer sich vor den Menschen zu mir bekennt, zu dem werde auch ich mich am Gerichtstag bekennen vor meinem Vater im Himmel. Wer mich aber vor den Menschen nicht kennen will, den werde auch ich am Gerichtstag vor meinem Vater im Himmel nicht kennen.

Matthäus 10, 32.33

Ein junger Krebs dachte: „Warum gehen alle Krebse immer rückwärts? Ich will vorwärts gehen lernen, und mein Krebsschwanz soll mir abfallen, wenn ich es nicht fertigbringe." Heimlich begann er zu üben. Überall stieß er sich und quetschte sich seinen Krebspanzer, unaufhörlich verfing sich ein Bein im anderen. Aber von Mal zu Mal ging es ein bißchen besser, denn: Alles kann man lernen, wenn man will.

Als er seiner Sache sicher war, stellte er sich vor seine Familie und sagte: „Jetzt schaut mir einmal zu!" Und machte einen ganz prächtigen kleinen Lauf vorwärts. „Sohn", brach da seine Mutter in Tränen aus, „bist du denn ganz verdreht? Komm doch zu mir – gehe so, wie es dich dein Vater und deine Mutter gelehrt haben. Gehe wie deine Brüder, die dich alle lieben." Seine Brüder jedoch lachten ihn nur aus. Der Vater schaute ihn eine Weile streng an und sagte dann: „Schluß damit. Wenn du bei uns bleiben willst, gehe wie alle Krebse. Rückwärts! Wenn du aber nach deinem eigenen Kopf leben willst, geh fort und komm nie mehr zu uns zurück!"

Der brave Krebs hatte die Seinen zwar zärtlich lieb, war aber so sicher, er handle richtig, daß ihm nicht die mindesten Zweifel kamen. Er umarmte seine Mutter, sagte Lebewohl zu seinem Vater und zu seinen Brüdern und machte sich auf in die Welt.

Ob er weit kommt? Ob er sein Glück macht? Ob er alle schiefen Dinge dieser Welt geraderichtet? Wir wissen es nicht, weil er noch mit dem gleichen Mut und der gleichen Entschlossenheit dahinmarschiert wie am ersten Tag.

Gianni Rodari

Rabbi Pinchas pflegte zu sagen: „Ich fürchte stets, ich könnte mehr klug als fromm sein." Und dann fügte er hinzu: „Fromm sein ist mir lieber als klug sein; aber lieber als fromm und klug ist mir gut sein."

Martin Buber

Zielbewußt

Wer keine Ziele hat,
braucht sich um Wege gar nicht erst zu kümmern.

Ich geduldete mich den ganzen Winter hindurch, weil ich wußte, daß in einer Nacht die Mandelbäume sich mit weißen Blüten bedecken würden. Und ich war jedesmal verwundert, wie dieser zarte Blütenschnee allen Regen und Winden trotzte. Und doch dauerte jedes Jahr das Blühen gerade so lange, wie es braucht, um die Früchte vorzubereiten.

Albert Camus

Suche du nichts. Es gibt nichts zu finden,
Nichts zu ergründen. Finde dich ab.
Kommt ihre Zeit, dann blühen die Linden
Über dem frischgeschaufelten Grab.

Zwischen Vergehen und Wiederbeginnen
Liegt das Unmögliche. Und es geschieht.
Wie und Warum waren nie zu ersinnen.
Neu klingt dem Neuen das uralte Lied.

Geh nicht zu Grunde, den Sinn zu ergründen.
Suche du nicht. Dann magst du ihn finden.

Mascha Kaléko

Schwimmer gegen den Strom dürfen nicht erwarten,
daß dieser seine Richtung ändert.

Stanislaw Jerzy Lec

Zwei Lastkutscher kamen mit vollgeladenen Karren einher. Die Wege waren verschlammt, und beide Karren fuhren sich fest. Einer der beiden Kutscher war fromm. Er fiel dort im Schlamm auf die Knie und begann, Gott darum zu bitten, er möge ihm helfen. Er betete, betete, betete ohne Unterlaß und betrachtete dabei den Himmel.
Währenddessen fluchte der andere, arbeitete aber. Er suchte sich Zweige, Blätter und Erde zusammen. Er schlug auf den Esel ein. Er schob am Karren. Er schimpfte, was das Zeug hielt.
Und da geschah das Wunder: Aus der Höhe steigt ein Engel nieder. Zur Überraschung der beiden Kutscher kommt er jedoch demjenigen zu Hilfe, der geflucht hat. Der arme Mann wird ganz verwirrt und ruft aus: „Entschuldige, das muß ein Irrtum sein. Sicher gilt die Hilfe dem anderen." Aber der Engel sagte: „Nein, sie gilt dir. Gott hilft dem, der arbeitet."

Helder Camara

Ich meine nicht, daß ich schon vollkommen bin und das Ziel erreicht habe. Ich laufe aber auf das Ziel zu, um es zu ergreifen, nachdem Jesus Christus von mir Besitz ergriffen hat. Ich bilde mir nicht ein, Brüder, daß ich es schon geschafft habe. Aber ich lasse alles hinter mir und sehe nur noch, was vor mir liegt. Ich halte geradewegs auf das Ziel zu, um den Siegespreis zu gewinnen. Dieser Preis ist das neue Leben, zu dem Gott mich durch Jesus Christus berufen hat.

Philipper 3, 12-14

Erleichtert

Warum können Engel fliegen?
Weil sie sich leicht nehmen.

Gilbert K. Chesterton

Mariechen sagt verlegen zur Mutter: „Ach, Mutter, du hast doch kurze Geschichten so gern?" „Ja, mein Kind." „Soll ich dir eine erzählen?" „O ja – wenn sie wahr ist."
„Ganz wahr ist sie, denn ich habe sie selbst erlebt."
„Nun, dann erzähle!" sagte die Mutter neugierig.
„Wird sie dir aber auch gefallen?" fragte zweifelnd Mariechen.
„Du mußt dir eben rechte Mühe geben."
„Aber sie ist so schrecklich kurz!" „Das schadet doch nichts!"
„Also, es war einmal ein Porzellankännchen..."
„Schön. Weiter, Mariechen!"
„Und – und – und ich habe es eben zerbrochen!"

Emma Carl

Selig, die Verständnis zeigen für meinen stolpernden
Fuß und meine lahmende Hand.
Selig, die begreifen, daß mein Ohr sich anstrengen muß,
um alles aufzunehmen, was man zu mir spricht.
Selig, die mit freundlichem Lächeln verweilen, um ein
wenig mit mir zu plaudern.
Selig, die niemals sagen: „Das haben Sie mir heute
schon zweimal erzählt."
Selig, die mich erfahren lassen, daß ich geliebt, geachtet und nicht alleingelassen bin.
Selig, die in ihrer Güte die Tage, die mir noch bleiben,
erleichtern.

Das Volk, das im Dunkeln lebt, sieht ein großes Licht; für die, die im Land der Finsternis wohnen, leuchtet ein Licht auf. Herr, du schenkst ihnen große Freude, darum jubeln sie laut. Du zerbrichst das Joch der Fremdherrschaft, das auf ihnen lastet, und den Stock, mit dem sie zur Zwangsarbeit angetrieben werden. Die Soldatenstiefel, deren dröhnenden Marschtritt sie noch im Ohr haben, und die blutbefleckten Soldatenmäntel werden ins Feuer geworfen und verbrannt. Denn ein Kind ist geboren, der künftige König ist uns geschenkt. Gott hat ihm die Herrschaft übertragen. Seine Macht wird weit reichen, und dauerhafter Frieden wird einkehren.

Jesaja 9, 1–6 (in Auswahl)

Ich fragte:
Wer wird mir den Stein wegwälzen
von dem Grab meiner Hoffnung,
den Stein von meinem Herzen,
diesen schweren Stein?

Mir ist ein Stein vom Herzen genommen:
Meine Hoffnung, die ich begrub,
ist auferstanden, wie er gesagt hat.
Er lebt, er lebt,
er geht mir voraus!

Lothar Zenetti

Gott, ich danke dir von Herzen,
daß du mich in dieser Nacht
vor Gefahr, Angst, Not und Schmerzen
hast behütet und bewacht,
daß des bösen Feindes List
mein nicht mächtig worden ist.

Zugänglich

Gott wohnt, wo man ihn einläßt.

Gebet einer Schildkröte

Ein bißchen Geduld, lieber Gott, ich komme schon!
Man muß seine Natur nehmen, wie sie ist.
Nicht ich habe sie gemacht.
Ich möchte keineswegs
dies Haus auf meinem Rücken kritisieren:
Es hat sein Gutes.
Aber gib zu, Herr:
Es ist reichlich schwer zu tragen!
Nun ja, laß diesen Panzer und mein Herz
– die doppelte Klausur –
für dich nicht ganz und gar verschlossen sein.

Carmen Bernos de Gasztold

Mose sagte zu Gott: „Wenn ich nun zu den Israeliten komme und zu ihnen sage: ‚Der Gott eurer Vorfahren hat mich zu euch geschickt', und sie mich dann fragen: ‚Welchen Namen hat er?' – was soll ich ihnen sagen?" Gott antwortete: „Ich bin der Ich-bin-da", und er fügte hinzu: „Sage zu den Israeliten: ‚Der Ich-bin-da hat mich zu euch geschickt: Der Herr! Er ist der Gott eurer Vorfahren Abraham, Isaak und Jakob'. Denn ‚Herr' (Ich-bin-da) ist mein Name für alle Zeiten. So sollen mich auch die kommenden Generationen nennen.

Exodus 3, 13–15

Herr Keuner befragte zwei Frauen über ihren Mann. Die eine gab folgende Auskunft:
„Ich habe zwanzig Jahre mit ihm gelebt. Wir schliefen in einem Zimmer und auf einem Bett. Wir aßen die Mahlzeiten zusammen. Er erzählte mir alle seine Geschäfte. Ich lernte seine Eltern kennen und verkehrte mit allen seinen Freunden. Ich wußte alle seine Krankheiten, die er selber wußte, und einige mehr. Von allen, die ihn kennen, kenne ich ihn am besten." „Kennst du ihn also?" fragte Herr Keuner. „Ich kenne ihn."
Die andere Frau gab folgende Auskunft:
„Er kam oft längere Zeit nicht, und ich wußte nie, ob er wiederkommen würde. Ich weiß nicht, ob er aus den guten Häusern kommt oder aus den Hafengassen. Es ist ein gutes Haus, in dem ich wohne. Ob er zu mir auch in ein schlechtes käme, wer weiß es? Er erzählt nichts, er spricht mit mir nur von meinen Angelegenheiten. Diese kennt er genau. Ich weiß, was er sagt – weiß ich es? Wenn er kommt, hat er manchmal Hunger, manchmal aber ist er satt. Aber er ißt nicht immer, wenn er Hunger hat. Ich weiß nicht, ob ich ihn liebe. Ich . . ."
„Sprich nicht weiter", sagte Herr Keuner hastig. „Ich sehe, du kennst ihn. Mehr kennt kein Mensch einen andern als du ihn."

Bertolt Brecht

Gott –
weiter als unser Herz:
Wir sind so festgelegt auf das,
was wir erfahren haben und vertreten.
Lock uns heraus aus unserem Versteck,
laß uns den anderen Menschen entdecken –
den fremden Jesus
mit seinen Einfällen und Zielen,
der zu uns kommt,
der uns versteht
und der uns öffnet.

Beglückt

Das Glück ist in uns.
Wie wäre es sonst möglich,
daß ein Bettler lächeln
und ein Reicher es verlernt haben kann?

Curt Goetz

Nicht das Glück, das Schweingehabt heißt,
nicht das Los aus der Trommel, das Klopfen auf Holz:
toi toi toi,
nicht drei Schritte rückwärts, wenn die Katze mir über
den Weg läuft,
nein, kein Glückspilz, auch kein glücklich
Davongekommener,
kein Glück aus Karten, aus zerbrechlichem Glas,
keine Strähne aus Glück, kein Zittern:
Das ging noch mal gut ab, toi toi toi –
nein, nicht das Glück, das Schweingehabt heißt,
das dich mundtot macht, Gott,
doch ich frage, glücklos frage ich:
Welches Glück dann?

Rudolf Otto Wiemer

Wie der Vater eines Abends im Vorbeigehen einen verstohlenen Blick ins Badezimmer wirft, sieht er, daß Martin auf einem Bein darin herumhüpft, einen Strumpf und das Unterhöschen, das noch an seinem Fuß hängt, hinter sich her schleppend. Viola putzt sich die Zähne und macht sich mit ihren Augen über ihn lustig.
„Viola", sagt Martin und hüpft mit kleinen Sätzen weiter.
„Vioool"
Viola spuckt ihr Mundwasser aus: „Ja?"
„Vio, das Leben ist sooo schön!"

Manfred Hausmann

Je glücklicher einer ist,
desto leichter kann er loslassen.

Dorothee Sölle

Wohl denen, die arm sind vor Gott und es wissen.
Ihnen gehört das Reich der Himmel.
Wohl denen, die Leiden erfahren.
Trost ist ihnen gewiß.
Wohl denen,
die gewaltlos sind und Freundlichkeit üben.
Erben werden sie das Land.
Wohl denen,
die hungrig und durstig nach Gerechtigkeit sind.
Ihr Hunger und Durst wird gestillt.
Wohl denen, die barmherzig sind.
Sie werden Barmherzigkeit finden.
Wohl denen, die aufrichtig sind in ihrem Herzen.
Sie werden Gott sehen.
Wohl denen, die Frieden bringen.
Gottes Kinder werden sie heißen.
Wohl denen, die verfolgt werden,
weil sie die Gerechtigkeit lieben.
Ihnen gehört das Reich der Himmel.

Matthäus 5, 3–10

Erfahren

Die Welt ist größer
als das Fenster, das du ihr öffnest.

Alle Wege sind wichtig, die geraden, die Nebenwege,
die Umwege, alle führen zu Erkenntnissen, auf allen
sammeln wir Erfahrungen, mal schlechte, mal gute,
und werden so reicher und vor allem – so hoffe ich –
weiser.

Antoinette von Staa

Ein Mensch, erst zwanzig Jahre alt,
beurteilt Greise ziemlich kalt
und hält sie für verkalkte Deppen,
die zwecklos sich durchs Dasein schleppen.
Der Mensch, der junge, wird nicht jünger:
Nun, was wuchs denn auf seinem Dünger?
Auch sieht er, daß trotz Sturm und Drang,
was er erstrebt, zumeist mißlang,
daß auf der Welt als Mensch und Christ
zu leben, nicht ganz einfach ist,
hingegen leicht, an Herrn mit Titeln
und Würden schnöd herumzukritteln.
Der Mensch, nunmehr bedeutend älter,
beurteilt jetzt die Jugend kälter,
vergessend frühres Sich-Erdreisten:
„Die Rotzer sollen erst was leisten!"
Die neue Jugend wiedrum hält . . .
Genug – das ist der Lauf der Welt!

Eugen Roth

Vieles erfahren haben, heißt noch nicht
Erfahrung besitzen.

Marie von Ebner-Eschenbach

Die Nacht,
In der
Das Fürchten
Wohnt,

Hat auch
Die Sterne
Und den
Mond.

Mascha Kaléko

In allem erweisen wir uns als Gottes Diener: bei Ehrung und Schmähung, bei übler Nachrede und bei Lob. Wir gelten als Betrüger und sind doch wahrhaftig; wir werden verkannt und doch anerkannt; wir sind wie Sterbende, und seht: wir leben; wir werden gezüchtigt und doch nicht getötet; uns wird Leid zugefügt, und doch sind wir jederzeit fröhlich; wir sind arm und machen doch viele reich; wir haben nichts und haben doch alles.

2 Korinther 6, 4.8–10

Als Rabbi Mendel in Kozk war, fragte ihn der Kozker Rabbi: „Wo hast du die Kunst des Schweigens erlernt?" Da war er nahe am Antworten. Dann aber bedachte er sich und übte seine Kunst.

Martin Buber

Beruhigt

Keiner ist mehr als ein Mensch.

Erscheint dir etwas unerhört,
bist tiefsten Herzens du empört,
bäume nicht auf, versuch's nicht mit Streit,
berühr es nicht, überlaß es der Zeit.
Am ersten Tag wirst du feige dich schelten,
am zweiten läßt du dein Schweigen schon gelten,
am dritten hast du's überwunden.
Alles ist wichtig nur auf Stunden.
Ärger ist Zehrer und Lebensvergifter,
Zeit ist Balsam und Friedensstifter.

Theodor Fontane

Letztwillige Verfügung des Kari Dällenbach

Alle, die mich auf dem letzten Gang begleiten, sollen nur während der Predigt und der Versenkung der Urne besinnlich sein. Danach ist Gemütlichkeit und Humor an der Reihe. Ich habe bei Frau Jenni in der „Grünegg" ein Säli reserviert und im voraus ein Zvieri mit Hamme und natürlich einen rechten Tropfen Roten bezahlt. Da denkt alle an mich zurück, indem ihr bei Frohsinn und Geselligkeit meine Geschichten auffrischt. Zum Abschluß des Mahls, das wünsche ich mir ausdrücklich, singt für mich noch einmal „Wie die Blümlein draußen zittern". Ich werde mein liebstes Lied hören.

Welch ein Glück,
daß es die einfachen Dinge immer noch gibt:
Immer noch Felder und rauschende Bäume
und den Mond am Himmel, so hoch aufgehängt,
daß ihn niemand den Nachbarn zum Trotz
herunterschießen kann.

Karl Heinrich Waggerl

Ich ruhe still im hohen, grünen Gras
und sende lange meinen Blick nach oben,
von Grillen rings umschwirrt ohn Unterlaß,
von Himmelsbläue wundersam umwoben.

Und schöne weiße Wolken ziehn dahin
durchs tiefe Blau, wie schöne stille Träume:
Mir ist, als ob ich längst gestorben bin,
und ziehe selig mit durch ewge Räume.

Hermann Ludwig Allmers

Gott hat den Menschen beim Zug durch die Wüste verheißen, sie sollten in das Land seiner Ruhe kommen. Ihnen aber hat damals das Wort, das sie hörten, nichts genützt, weil sie zwar hörten, aber nicht glaubten. Deshalb hat Gott ihnen geschworen, sie sollten das Land seiner Ruhe nicht erreichen. Laßt uns darum ernsthaft besorgt sein und danach trachten, daß keiner zurückbleibt, damit wir in das verheißene Land der Ruhe gelangen.
Die Ruhezeit des Volkes Gottes muß erst noch kommen. Wer in diese Ruhe aufgenommen wird, ruht von seiner Arbeit aus, wie Gott selbst am siebten Schöpfungstag von seiner Arbeit ausruhte.

Nach Hebräer 4, 1–4.10.11

Gespannt

Ich bin. Aber ich habe mich nicht.
Darum werden wir erst.

Ernst Bloch

Ich sitze am Straßenhang.
Der Fahrer wechselt das Rad.
Ich bin nicht gern, wo ich herkomme.
Ich bin nicht gern, wo ich hinfahre.
Warum sehe ich den Radwechsel
mit Ungeduld?

Bertolt Brecht

Die Mutigen wissen
Daß sie nicht auferstehen
Daß kein Fleisch um sie wächst
Am jüngsten Morgen
Daß sie nichts mehr erinnern
Niemandem wiederbegegnen
Daß nichts ihrer wartet
Keine Seligkeit
Keine Folter
Ich
Bin nicht mutig.

Marie Luise Kaschnitz

Die Wirkung von Worten
läßt sich schwer ermessen:
Guten Tag – das begreifst du noch,
aber daß der Tag trotzdem nicht
besser wird, setzt dich
in Erstaunen.

Günter Kunert

Seid wachsam, denn euer Herr wird kommen, doch ihr kennt
nicht den Tag. Denkt daran: Wenn der Hausvater wüßte, zu
welcher Stunde der Dieb kommen wird – er bliebe die Nacht
über wach und ließe den Einbruch nicht zu.
Seid also bereit. Der Menschensohn kommt zu einer
Stunde, mit der ihr nicht rechnet.

Matthäus 24, 42–44

Manchmal ist uns so zumute,
daß wir sagen:
Mein Gott, ich gehe verloren.
Laß uns nicht fallen.
Spanne die Brücke für uns
von dem Vertrauen, das uns trug,
zu der Liebe, die uns tragen wird.

F. K. Barth/G. Grenz/P. Horst

Beständig

Mag sein, daß der jüngste Tag morgen anbricht,
dann wollen wir gern die Arbeit für eine bessere Zukunft
aus der Hand legen, vorher aber nicht.

Dietrich Bonhoeffer

Ein Vogel lag auf dem Rücken und hielt beide Beine starr gegen den Himmel gestreckt. Ein anderer Vogel kam vorüber und fragte verwundert: Warum liegst du so da? Und warum hältst du die Beine so starr? Da antwortete der erste Vogel: Ich trage den Himmel mit meinen Beinen. Wenn ich losließe und die Beine anzöge, würde der Himmel herabstürzen! Kaum hatte er das gesagt, da löste sich ein Blatt vom nahen Eichbaum und fiel leise raschelnd zur Erde. Darüber erschrak der Vogel so sehr, daß er sich geschwind aufrichtete und spornstreichs davonflog. Der Himmel aber blieb beständig an seinem Ort.

Wir brauchen einen Weg, wie man dem Menschen helfen kann, seine Vergangenheit mit Freude zu ergreifen und für die Geschichte mitsamt ihren Begrenzungen dankbar zu sein. Dazu wird es aber nur kommen, wenn wir es wieder lernen, zu feiern, Leben und Geschichte zu bejahen, ohne an ihnen zugrunde zu gehen.
Festlichkeit bringt uns immer wieder ins richtige Verhältnis zur Geschichte und zu geschichtlichem Handeln. Sie erinnert uns daran, daß wir ganz in der Geschichte leben, aber daß die Geschichte ihrerseits in einem anderen lebt.
Indem wir feiern, hören wir auf zu handeln und sind wir einfach.

Harvey Cox

Jesus sagt:

Wer meine Worte hört und nicht befolgt,
der gleicht einem närrischen Mann,
der sein Haus auf Sand gebaut hat.
Regen stürzt herab,
es kommen reißende Flüsse,
die Winde stürmen heran
und prallen gegen das Haus.
Da stürzt es ein
und bricht in Trümmern zusammen.

Klug ist, wer meine Worte hört und befolgt.
Er gleicht einem verständigen Mann,
der sein Haus auf Felsen gebaut hat.
Regen stürzt herab,
es kommen reißende Flüsse,
die Winde stürmen heran
und prallen gegen das Haus.
Aber es bricht nicht zusammen;
denn es ist auf Felsen gebaut.

Matthäus 7, 24-27

Vertrauen wagen

Leiden spüren

Es gibt kein fremdes Leid.

Konstantin Simonow

Mein Reden läßt die Schmerzen nicht verschwinden;
doch schweige ich,
so wird mir auch nicht leichter.
Gott hat sein Ziel erreicht: ich bin am Ende,
rings um mich ist es menschenleer geworden.
Er gräbt mir tiefe Falten ins Gesicht,
bis zum Gerippe bin ich abgemagert;
und all das muß nun meine Schuld beweisen.
Voll Zorn starrt er mich an, knirscht mit den Zähnen
und reißt mir alle Glieder einzeln aus.
Die Leute rotten sich um mich zusammen,
sie reißen ihre Mäuler auf und spotten,
sie schlagen mir voll Feindschaft ins Gesicht.
Gott hat mich an Verbrecher ausgeliefert,
mich schlimmen Schurken in die Hand gegeben.
Aus meinem Frieden riß er mich heraus,
er packte mich im Nacken, warf mich nieder.
Dann nahm er mich als Ziel für seine Pfeile,
die mich von allen Seiten dicht umschwirren.
Er schlägt mir eine Wunde nach der andern,
so wie ein Krieger Breschen in die Mauer.
Das Trauerkleid ist meine zweite Haut,
besiegt und kraftlos liege ich im Staub.
Ganz rot ist mein Gesicht vom vielen Weinen,
die Augen sind umringt von dunklen Schatten.

Ijob 16, 6–16 (in Auswahl)

Je unfähiger wir werden, das eigene Leiden zu spüren,
desto leichter fällt es uns, fremdes Leiden zu ertragen.

Leszek Kolakowski

Ein Ehepaar, beide berufstätig, hastet kurz vor Weihnachten in ein Spielwarengeschäft und erläutert der Verkäuferin: "Wir sind den ganzen Tag von zu Hause weg und haben eine kleine Tochter. Wir brauchen etwas, das die Kleine erfreut, sie lange beschäftigt und ihr das Gefühl des Alleinseins nimmt." – "Tut mir leid", lächelt die Verkäuferin freundlich, "Eltern führen wir nicht im Sortiment."

Martin ist kürzlich 14jährig gestorben. Von Geburt an körperbehindert, war er seit acht Jahren gelähmt. Er kannte viele Kliniken und Krankenhäuser. Er kannte die Welt der Rollstühle, der Sauerstoffflaschen, der Stethoskope. Martin hatte einen hellen Verstand. Er hat alles begriffen. Er wußte, was ihm bevorstand.
Und genau so, wie wir es immer befürchtet hatten, daß sein Ende einmal sein würde, so war es dann auch. Sein Sterben war sehr mühsam. Es bestand darin, daß er langsam erstickte.
Ich frage dich, Herr, warum mußte dieser Junge mit den freundlichen, sanften Augen so lange leiden? Warum sagst du uns nicht, warum dies alles so sein muß? Ich frage dich immer wieder, was war der Sinn dieses Lebens und dieses qualvollen Sterbens?

Es ist wichtig, sich Menschen vor Augen zu stellen, die bewußt gelitten haben; Leute, die wir kennen, die im Leiden gütiger und nicht bitterer geworden sind, solche, die freiwillig Leiden auf sich genommen haben um anderer willen. Es gibt solche Menschen, und die Stärkung, die von ihnen ausgeht, ist der Trost der Heiligen.

Dorothee Sölle

Spannungen aushalten

Widersprüche sind kein Zeichen von Schwäche.

Zwei chinesische Kulis hatten auf der Straße eine hitzige Auseinandersetzung. Schnell sammelte sich ein Kreis von Neugierigen. Ein englischer Tourist, der auch dabeistand, sagte zu seinem chinesischen Begleiter, daß die beiden wohl bald handgreiflich würden. „Das glaube ich nicht", antwortete der Chinese, „denn derjenige, der zuerst schlägt, gibt damit zu, daß ihm seine Argumente ausgegangen sind."

Ich bin außer mir vor Wut, aber ich darf es nicht zeigen. Jeder findet mich übertrieben, wenn ich nur den Mund auftue, lächerlich, wenn ich still bin, frech, wenn ich keine Antwort gebe, raffiniert, wenn ich mal eine gute Idee habe, faul, wenn ich müde bin, egoistisch, wenn ich mal einen Löffel mehr nehme, dumm, feige, berechnend. Den ganzen Tag höre ich nur, daß ich ein unausstehliches Geschöpf sei, und wenn ich auch darüber lache und so tue, als wenn ich mir nichts draus machte, ist es mir wirklich nicht gleichgültig. Ich möchte den lieben Gott bitten, mir eine Natur zu schenken, die nicht alle gegen mich aufbringt. Das geht jedoch nicht. Meine Natur ist mir gegeben, aber ich bin nicht schlecht, ich fühle es. Ich bemühe mich mehr, es allen recht zu machen, als sie es nur im entferntesten ahnen. Ich lache mit ihnen, um meinen tiefen inneren Kummer nicht zu zeigen.

Anne Frank

Du hast mich betört, o Herr, und ich ließ mich betören; du hast mich gepackt und überwältigt. Zum Gespött bin ich geworden den ganzen Tag, ein jeder verhöhnt mich. Ja, sooft ich rede, muß ich schreien, „Gewalt und Unterdrückung!" muß ich rufen. Denn das Wort des Herrn bringt mir den ganzen Tag nur Spott und Hohn. Sagte ich aber: „Ich will nicht mehr an ihn denken und nicht mehr in seinem Namen sprechen!", so war es mir, als brenne in meinem Herzen ein Feuer, eingeschlossen in meinem Innern. Ich quälte mich, es auszuhalten, und konnte es doch nicht.

Jeremia 20, 7-9

Herr, mein Gott: Wir Menschen und Meere –
sollen wir denn stets zwischen Ebbe und Flut schwingen?

Helder Camara

Laß, o Welt, o laß mich sein!
Locket nicht mit Liebesgaben,
laßt dies Herz alleine haben
seine Wonne, seine Pein!

Was ich traure, weiß ich nicht,
es ist unbekanntes Wehe;
immerdar durch Tränen sehe
ich der Sonne liebes Licht.

Oft bin ich mir kaum bewußt,
und die helle Freude zücket
durch die Schwere, die mich drücket,
wonniglich in meiner Brust.

Laß, o Welt, o laß mich sein!
Locket nicht mit Liebesgaben,
laßt dies Herz alleine haben
seine Wonne, seine Pein!

Eduard Mörike

Nähe erfahren

Wenn ein Mensch nicht spürt,
daß er geliebt und angenommen ist,
nützt alle Weisheit nicht, ihn glücklich zu machen.

Barbara Herzog

Wir erzählen ein bißchen von uns,
du zeigst mir die Stadt
bei einem Einkaufsbummel,
und es ist schön,
mit deinen Augen zu sehen.
In einem Caféhaus schreibst du
ein paar verrückte Worte
und ein Ich-mag-Dich
auf einen Bierdeckel,
und unser Tisch ist eine Insel
im Gemurmel des Mittagsbetriebes.
Wir wollen Freunde sein,
miteinander reden,
es gibt so vieles,
was wir nicht
voneinander wissen,
so viele Bierdeckel,
auf die wir schreiben können
Ich liebe Dich.

Bert Metzkow

Man braucht nur eine Insel
allein im weiten Meer.
Man braucht nur einen Menschen,
den aber braucht man sehr.

Mascha Kaléko

Wo ich gehe Du.
Wo ich stehe Du.
Du, Du,
wieder Du,
immer Du,
Du, Du, Du.
Ergeht's mir gut,
Du.
Wenn's weh mir tut,
Du.
Du, Du,
wieder Du,
immer Du,
Du, Du, Du.
Himmel: Du,
Erde: Du,
Oben: Du,
Unten: Du.
Wohin ich mich wende,
an jedem Ende: nur Du,
wieder Du,
immer Du,
Du, Du, Du.

Martin Buber

Am Sabbat lehrte Jesus in einer Synagoge. Dort saß eine Frau, die seit achtzehn Jahren krank war, weil sie von einem Dämon geplagt wurde; ihr Rücken war verkrümmt, und sie konnte nicht mehr aufrecht gehen. Als Jesus sie sah, rief er sie zu sich und sagte: „Frau, du bist von deinem Leiden erlöst." Und er legte ihr die Hände auf. Im gleichen Augenblick richtete sie sich auf und pries Gott.

Lukas 13, 10–13

Schwäche zulassen

Man fällt nicht, weil man schwach ist,
sondern weil man meint, stark zu sein.

Jüdisches Sprichwort

Tagsüber darf er keine Schwäche zeigen,
Tagsüber muß er sich korrekt verhalten.
Tagsüber muß er gepanzert sein.
Tagsüber darf er sich kein Gefühl erlauben.
Erst am Abend,
im Kreis der Freunde,
hört man, wie ihm die Steine
vom Herzen fallen.
Erst nach Mitternacht sagt er ganz leise:
„Wenn ich ehrlich bin . . ."

Martin Gutl

In meinen Beziehungen zu Menschen habe ich herausgefunden, daß es auf lange Sicht nicht hilft, so zu tun, als wäre ich jemand, der ich nicht bin. Es hilft nicht, ruhig und freundlich zu tun, wenn ich eigentlich ärgerlich bin und Bedenken habe. Es ist nicht hilfreich, so zu tun, als wüßte ich Antworten, wenn ich sie nicht weiß. Es hilft nicht, den liebevollen Menschen zu spielen, wenn ich im Augenblick eigentlich feindlich gestimmt bin. Es hilft nicht, so zu tun, als wäre ich voller Sicherheit, wenn ich eigentlich ängstlich und unsicher bin. Es hilft nicht, so zu tun, als sei ich gesund, wenn ich mich krank fühle. Es ist für mich einfacher, mich als einen unvollkommenen Menschen zu akzeptieren, der keinesfalls zu jeder Zeit so handelt, wie er handeln möchte. Manchen mag diese Entwicklung befremdlich erscheinen, mir ist sie wertvoll. Denn: Wenn ich mich so akzeptiere, wie ich bin, dann ändere ich mich.

Carl R. Rogers

Du bittest zu entschuldigen,
daß du mit der schreibmaschine schreibst.
Es sei so viel zu sagen,
und es ginge schneller, denn
wieder sei es über mitternacht ...
Ich weiß –
als farbband spannst du
deinen schlaf ein.
Deine gesundheit ist
die blasse farbe.
Ich bitte dich:
schlafe mir einen brief.

Reiner Kunze

Was mich angeht, will ich mich nicht rühmen, höchstens meiner Schwachheit. Wenn ich mich dennoch rühmen wollte, wäre ich zwar kein Narr, sondern würde die Wahrheit sagen. Aber ich verzichte darauf; denn jeder soll mich nur nach dem beurteilen, was er an mir sieht oder aus meinem Mund hört. Damit ich mich wegen der einzigartigen Offenbarungen nicht überhebe, wurde mir ein Stachel ins Fleisch gestoßen: ein Bote Satans, der mich mit Fäusten schlagen soll, damit ich mich nicht überhebe. Dreimal habe ich den Herrn angefleht, daß dieser Bote Satans von mir ablasse. Er aber antwortete mir: Meine Gnade genügt dir; denn sie erweist ihre Kraft in der Schwachheit. Viel lieber also will ich mich meiner Schwachheit rühmen, damit die Kraft Christi auf mich herabkommt. Deswegen bejahe ich meine Ohnmacht, alle Mißhandlungen und Nöte, Verfolgungen und Ängste, die ich für Christus ertrage; denn wenn ich schwach bin, dann bin ich stark.

2 Korinther 12, 5–10

Ich bin eigentlich ganz anders,
aber ich komme so selten dazu.

Ödön von Horvath

Vorurteile abbauen

Vorurteil: eine Meinung, die einen Menschen hat.

Ein Mensch, der, sagen wir, als Christ
streng gegen Mord und Totschlag ist,
hält einen Krieg, wenn überhaupt,
nur gegen Heiden für erlaubt.
Die allerdings sind auszurotten,
weil sie des wahren Glaubens spotten!
Ein andrer Mensch, ein frommer Heide,
tut keinem Menschen was zuleide,
nur gegenüber Christenhunden
wär jedes Mitleid falsch empfunden.
Der ewigen Kriege blutige Spur
kommt nur von diesem kleinen „nur".

Eugen Roth

Johannes sagte zu Jesus: Meister, wir haben gesehen, wie jemand in deinem Namen Dämonen austrieb, und wir versuchten, ihn daran zu hindern, weil er nicht mit uns zusammen dir nachfolgt. Jesus antwortete ihm: Hindert ihn nicht! Denn wer nicht gegen euch ist, der ist für euch.
Und Jesus schickte Boten vor sich her. Diese kamen in ein samaritisches Dorf und wollten eine Unterkunft für ihn besorgen. Aber man nahm ihn nicht auf, weil er auf dem Weg nach Jerusalem war. Als die Jünger Jakobus und Johannes das sahen, sagten sie: Herr, sollen wir befehlen, daß Feuer vom Himmel fällt und sie vernichtet? Da wandte er sich um und wies sie zurecht.

Lukas 9, 49–50.52–55

„Gut und Böse sind die Vorurteile Gottes" –
sagte die Schlange.

Friedrich Nietzsche

Ich brauche jemanden nur zu sehen –
und schon weiß ich über ihn Bescheid.
Ich brauche mit jemandem nur ein paar Worte zu
wechseln –
und schon weiß ich, mit wem ich es zu tun habe.
Ich brauche über jemanden nur dieses oder jenes zu
hören –
und schon weiß ich, was für ein Mensch er ist.
Mein Gott,
es ist erschreckend,
wie schnell ich jemanden zu kennen glaube –
und wie lange es dauert,
bis ich mein voreiliges Urteil ändere.

Petrus Ceelen

so ist es
sagt man
ein baum zum beispiel
ist so
so ist ein baum
und ein baum ist nicht so
und alles ist nicht so
so ist es

Peter Bichsel

An einem Baum hing eine Glocke, und wenn der Wind kam und die Äste bewegte, so gab sie ihren Ton. Als ein Fuchs das Getön hörte, bekam er Angst und dachte, daß es ein starkes Tier sein müßte, das solch ein Getön von sich gäbe. Er schlich sacht hinzu. Als er die Glocke sah, die groß, aber ganz hohl und leer war und nichts dahinter als das Getön, sprach er: „Nie mehr will ich glauben, daß alle Dinge, die groß sind und laut tönen, darum auch mehr Stärke haben."

Antonius von Pforr

Widerstand leisten

Tote Fische schwimmen mit dem Strom,
lebendige dagegen.

Schlaft nicht, während die Ordner der Welt geschäftig sind!
Seid mißtrauisch gegen ihre Macht, die sie vorgeben, für
euch erwerben zu müssen! Wacht darüber, daß eure Herzen
nicht leer sind, wenn mit der Leere eurer Herzen gerechnet
wird.
Tut das Unnütze, singt die Lieder, die man aus eurem Mund
nicht erwartet! Seid unbequem, seid Sand, nicht das Öl im
Getriebe der Welt!

Günter Eich

Der Oberste Priester und die Sadduzäer ließen die Apostel
verhaften und ins Gefängnis werfen. Doch gleich in der ersten Nacht öffnete ein Engel des Herrn die Gefängnistore,
führte die Apostel heraus und sagte zu ihnen: Geht in den
Tempel und verkündet allen die Botschaft von dem Leben,
das Jesus gebracht hat! Die Apostel gehorchten, gingen
früh am Morgen in den Tempel und sprachen zu den Menschen.
Der Kommandant ging mit der Tempelwache hin, um sie zu
holen. So brachten sie die Apostel vor den jüdischen Rat,
und der Oberste Priester hielt ihnen vor: Wir haben euch
deutlich genug befohlen, nicht mehr öffentlich von diesem
Mann zu sprechen und seinen Namen bekanntzumachen.
Und was tut ihr? Ihr redet und redet, bis auch der letzte in
Jerusalem es gehört hat. Uns macht ihr für seinen Tod verantwortlich und wollt die Strafe Gottes über uns bringen!
Aber Petrus und die anderen Apostel antworteten: Man muß
Gott mehr gehorchen als den Menschen.

Apostelgeschichte 5, 17–32 (in Auswahl)

Du. Mann an der Maschine und Mann in der Werkstatt. Wenn sie dir morgen befehlen, du sollst keine Wasserrohre und keine Kochtöpfe mehr machen – sondern Stahlhelme und Maschinengewehre, dann gibt es nur eins: Sag nein!
Du. Forscher im Laboratorium. Wenn sie dir morgen befehlen, du sollst einen neuen Tod erfinden gegen das alte Leben, dann gibt es nur eins: Sag nein!
Du. Mann auf dem Dorf und Mann in der Stadt. Wenn sie morgen kommen und dir den Gestellungsbefehl bringen, dann gibt es nur eins: Sag nein!
Mütter in allen Erdteilen, Mütter in der Welt, wenn sie morgen befehlen, ihr sollt Kinder gebären, Krankenschwestern für Kriegslazarette und neue Soldaten für neue Schlachten, Mütter in der Welt, dann gibt es nur eins: Sagt nein! Mütter, sagt nein!

Wolfgang Borchert

In die Wohnung des Herrn Egge, der gelernt hatte, nein zu sagen, kam eines Tages in der Zeit der Illegalität ein Agent, der zeigte einen Schein vor, welcher ausgestellt war im Namen derer, die die Stadt beherrschen, und auf dem stand, daß ihm gehören solle jede Wohnung, in die er seinen Fuß setze; ebenso sollte ihm auch jedes Essen gehören, das er verlange; ebenso sollte ihm auch jeder Mann dienen, den er sähe.
Der Agent setzte sich auf einen Stuhl, verlangte Essen, wusch sich, legte sich nieder und fragte mit dem Gesicht zur Wand vor dem Einschlafen: „Wirst du mir dienen?" Herr Egge deckte ihn mit einer Decke zu, vertrieb die Fliegen, bewachte seinen Schlaf, und wie an diesem Tage gehorchte er ihm sieben Jahre lang. Aber was immer er für ihn tat, eines zu tun hütete er sich wohl: das war, ein Wort zu sagen. Als nun die sieben Jahre herum waren und der Agent dick geworden war vom vielen Essen, Schlafen und Befehlen, starb der Agent. Da wickelte ihn Herr Egge in die verdorbene Decke, schleifte ihn aus dem Haus, wusch das Lager, tünchte die Wände, atmete auf und antwortete: „Nein."

Bertolt Brecht

Vertrauen wagen

Kontrolle ist gut,
Vertrauen ist besser.

Ein junger Mann und ein Mädchen liefen auf zwei verschiedenen Landwegen. Als die zwei Wege zusammenkamen, liefen der Junge und das Mädchen gemeinsam weiter. Der Junge trug einen Kupferkessel auf seinem Rücken. In der einen Hand hatte er ein lebendes Huhn und einen Stock, während er an der anderen Hand eine Ziege führte. Nach einer Weile kamen sie an eine Bergschlucht. Da blieb das Mädchen stehen und sagte: „Durch diese Schlucht gehe ich nicht mit dir." „Warum nicht?" wollte der Junge wissen. „Du könntest mich dort umarmen und küssen", antwortete sie. „Wie soll ich dich denn umarmen und küssen? Ich habe einen Kupferkessel auf dem Rücken, an der einen Hand habe ich eine Ziege und in der anderen Hand ein lebendes Huhn und einen Stock." Aber das Mädchen beharrte auf seiner Meinung: „Du könntest mich die Ziege halten lassen, danach den Stock in den Boden stecken, das Huhn auf den Boden setzen und den Kessel darüberstülpen, und dann könntest du mich umarmen und küssen." Lange starrte der Junge das schöne, nette Mädchen an. Endlich sagte er: „Allah segne deine Weisheit." Worauf sie gemeinsam durch die Schlucht gingen.

Laß uns vertrauen dem seltenen Verständnis,
das ärgerlich Schwache und Fremde einbezieht
in unsere vertrauten Kreise.
Laß uns vertrauen der seltenen Freiheit,
die für das Wohl und das Recht der Gegner eintritt
und so dem Frieden Brücken baut.
Laß uns vertrauen der seltenen Liebe,
die verkümmertes Leben behutsam zum Blühen bringt.

F. K. Barth/G. Grenz/P. Horst

Auf meinen lieben Gott
trau ich in Angst und Not;
der kann mich allzeit retten
aus Trübsal, Angst und Nöten,
mein Unglück kann er wenden,
steht alls in seinen Händen.

Am Abend sagte Jesus zu seinen Jüngern: Kommt, wir fahren zum anderen Ufer hinüber! Die Jünger schickten die Menschenmenge weg. Dann stiegen sie ins Boot, in dem Jesus noch saß, und fuhren ab. Auch andere Boote fuhren mit. Da kam ein schwerer Sturm auf, so daß die Wellen über Bord schlugen. Das Boot füllte sich schon mit Wasser, Jesus aber schlief im Heck des Bootes auf einem Kissen. Die Jünger weckten ihn und riefen: Kümmert es dich nicht, daß wir untergehen? Da stand Jesus auf, bedrohte den Wind und befahl dem tobenden See: Still! Gib Ruhe! Der Wind legte sich, und es wurde ganz still. Warum habt ihr solche Angst? fragte Jesus. Habt ihr denn immer noch kein Vertrauen? Da befiel sie große Furcht, und sie fragten sich: Was ist das für ein Mensch, daß ihm sogar Wind und Wellen gehorchen!

Markus 4, 35–41

Diesen Tag, Herr, leg ich zurück in deine Hände,
denn du gabst ihn mir.
Du, Herr, bist doch der Zeiten Ursprung und ihr Ende,
ich vertraue dir.
Kommen dunkle Schatten über die Welt,
wenn die Angst zu leben mich plötzlich befällt:
Du machst das Dunkel hell.

Martin Gotthard Schneider

Gott suchen

Wir können Gott mit dem Verstand suchen,
aber finden können wir ihn nur mit dem Herzen.

Einer ist da, der mich denkt.
Der mich atmet. Der mich lenkt.
Der mich schafft und meine Welt.
Der mich trägt und der mich hält.
Wer ist dieser Irgendwer?
Ist er ich? Bin ich Er?

Mascha Kaléko

Rabbi David von Miedziborz, ein Enkel des Rabbi Baruch, liebte es, als er noch ein Knabe war, verstecken zu spielen. Eines Tages spielte er wieder mit einem Knaben. Er verbarg sich, wartete lange in seinem Versteck, denn er meinte, sein Freund suche ihn und könne ihn nicht finden, und sein Herz freute sich gar sehr. Lange wartete er so, aber vergebens; sein Gefährte suchte ihn nicht. Er kam aus dem Versteck heraus, fand den Knaben nicht mehr und wurde gewahr, daß er ihn gar nicht gesucht hatte. Er lief in die Stube seines Großvaters, weinte und klagte: „Ich habe mich versteckt und der böse Henoch hat mich nicht gesucht!"
Da entströmten den Augen des Rabbi Baruch Tränen, und er sagte: „Schau, so klagt Gott auch! Er hat sein Antlitz von uns abgewendet und sich vor uns verborgen, daß wir ihn suchen und ihn finden – wir aber suchen ihn nicht."

Gott, wer bist du?
Ich kenne dich nicht und möchte dich lieben.
Gott, wo bist du?
Ich finde dich nicht und suche dich doch.
Gott, hab Erbarmen!

sehnsucht

ich hab dich
verloren
du großer
fund
klein wie
die perle
im ackergrund

ich such dich
in allem
versuche dich
und wo ich
dich suche
da finde ich
mich

ich bin
nach dir
süchtig
ich suche dich
ich kann dich
nicht finden
finde du mich

ich hab dich
verloren
du großer
fund
klein wie
die perle
im ackergrund

Wilhelm Willms

Auf, ihr Durstigen, kommt alle zum Wasser!
Auch wer kein Geld hat, soll kommen.
Kauft Getreide und eßt, kommt und kauft ohne Geld,
kauft Wein und Milch ohne Bezahlung!
Warum bezahlt ihr mit Geld, was euch nicht nährt,
und mit dem Lohn eurer Mühen, was euch nicht
satt macht?
Hört auf mich, dann bekommt ihr das Beste zu essen
und könnt euch laben an fetten Speisen.
Neigt euer Ohr mir zu und kommt zu mir,
hört, dann werdet ihr leben.
Sucht den Herrn, solange er sich finden läßt,
ruft ihn an, solange er nahe ist.

Jesaja 55, 1–3.6

Vergebung empfangen

Vergib uns unsere Schuld,
wie auch wir vergeben unsern Schuldigern.

Du sagst, was du angerichtet hast –
willst dem anderen wieder unbefangen begegnen.
Der hat längst gespürt, daß etwas nicht stimmt.
So kann es geschehen,
daß der andere mit dir zusammen erleichtert ist.
Manchmal wird uns vergeben,
und wir können dann wieder lachen.

F. K. Barth/G. Grenz/P. Horst

Glücklich, wem die Übertretungen vergeben sind,
wessen Sünde bedeckt ist.
Wohl dem Menschen,
dem der Herr seine Schuld nicht zurechnet,
in dessen Geist kein Trug ist.
Denn als ich es verschweigen wollte,
wurde ich krank und elend
unter meinem täglichen Stöhnen.
Denn schwer lag deine Hand auf mir
Tag und Nacht,
meine Zunge verdorrte
wie in den Gluten des Sommers.
So bekannte ich dir meine Verfehlung
und verhehlte meine Schuld nicht.
Ich sprach: Bekennen will ich dem Herrn
meine Übertretungen.
Da hast du die Schuld vergeben,
die aus meinem Ungehorsam kam.

Psalm 32, 1–5

Mahatma Gandhi berichtet aus seinem Leben:
„Ich war fünfzehn Jahre alt, als ich einen Diebstahl beging. Weil ich Schulden hatte, stahl ich meinem Vater ein goldenes Armband, um sie zu bezahlen. Aber ich konnte die Last meiner Schuld nicht ertragen. Als ich vor ihm stand, brachte ich vor Scham den Mund nicht auf. Ich schrieb also mein Bekenntnis nieder. Als ich ihm den Zettel überreichte, zitterte ich am ganzen Körper. Mein Vater las den Zettel, schloß die Augen und dann – zerriß er ihn. ‚Es ist gut‘, sagte er noch. Und dann nahm er mich in die Arme. Von da an hatte ich meinen Vater noch viel lieber."

Liebes Kind
Wenn du nach Hause kommen willst
dann komm bei Tag und Nacht
der Tisch ist schnell gedeckt
dein Bett gemacht
ist die Tür verschlossen
und sind wir unterwegs
du kennst das alte Schlüsselversteck
schlag notfalls ein Fenster ein
der Vater wird dir verzeihn
verzeih auch ihm
sein Zorn ist auch sein Schmerz
er kann nicht weinen
wenn du wieder nach Hause kommen willst
dann komm
wir fragen nicht viel
wir warten.

Hedwig Meutzner

Verzicht üben

Am reichsten sind die Menschen,
die auf das meiste verzichten können.

Rabindranath Tagore

Du hattest ein viereck gemalt,
darüber ein dreieck,
darauf (an die seite) zwei striche mit rauch –
fertig war
das haus.

Man glaubt gar nicht,
was man alles
nicht braucht.

Reiner Kunze

Petrus sagte zu Jesus: Du weißt, wir haben alles stehen- und liegengelassen und sind mit dir gegangen. Was haben wir davon? Jesus antwortete: Ich versichere euch: Wenn Gott die Welt erneuert und der Menschensohn in seiner ganzen Herrlichkeit auf dem Thron Platz nimmt, dann werdet auch ihr, die ihr mir gefolgt seid, auf zwölf Thronen sitzen und über die zwölf Stämme Israels Gericht halten. Jeder, der um meinetwillen sein Haus, seine Geschwister, Eltern oder Kinder oder seinen Besitz zurückgelassen hat, der wird das alles hundertfach wiederbekommen und dazu das ewige Leben.

Matthäus 19, 27–29

Der Verzicht
ist die Bereitschaft zu einem anderen Verhältnis.

Martin Heidegger

Was wir brauchen,
um glücklich zu leben,
ist wenig.
Aber wir steigern
die Bedingungen
für Glück
ins Endlose
und beklagen
unser Unglück.

Kristiane Allert-Wybranietz

Wir sind leer und gleichzeitig angefüllt mit überflüssigen Waren und Gütern. Es besteht eine seltsame Beziehung zwischen den vielen Dingen, die wir besitzen und konsumieren, und der Leere unseres Daseins. Überflüssige Dinge machen das Leben überflüssig.
Ärmer werden und mit immer weniger Gewalt auskommen, das ist die Umkehr zur Fülle des Lebens. Der Reichtum des Menschen liegt in seinen Beziehungen zu anderen, in seinem Dasein für andere. Die Fülle des Lebens wird nicht weniger, wenn wir sie miteinander teilen, sondern vermehrt sich.
Christus befreit uns von der das Leben fressenden Armut und von der das Leben aufsaugenden inneren Leere in eine neue Gemeinschaft hinein, in der wir einander nicht mehr Gewalt antun müssen, sondern einander glücklich machen können.

Dorothee Sölle

Franz von Assisi wurde einmal gefragt, weshalb er und seine Freunde ohne Besitz lebten. Er antwortete: „Hätten wir Besitz, so müßten wir ihn verteidigen; zum Verteidigen bräuchten wir Schwerter, und mit Schwertern müßten wir bereit sein zum Töten."

Gemeinsamkeit entdecken

Wenn es glatteist, gehen die Menschen Arm in Arm.

Jean Paul

Es waren mal zwei Menschen.
Als sie zwei Jahre alt waren, da schlugen sie sich mit den Händen.
Als sie zwölf waren, schlugen sie sich mit Stöcken und warfen mit Steinen.
Als sie zweiundzwanzig waren, schossen sie mit Gewehren nach einander.
Als sie zweiundvierzig waren, warfen sie mit Bomben.
Als sie zweiundsechzig waren, nahmen sie Bakterien.
Als sie zweiundachtzig waren, da starben sie. Sie wurden nebeneinander begraben.
Als sich nach hundert Jahren ein Regenwurm durch ihre beiden Gräber fraß, merkte er gar nicht, daß hier zwei verschiedene Menschen begraben waren. Es war dieselbe Erde. Alles dieselbe Erde.

Wolfgang Borchert

Pummerer, in morgendlich heiterer Ruh,
lächelte seinem Nachbarn Mommer zu.
Dieser, durch das Lächeln ebenfalls heiter,
gab es an den Straßenbahnschaffner weiter,
der an die kleine Verkäuferin, und die
an Dr. Müller-Zinn, Facharzt für Psychiatrie,
dieser an Schwester Elke vom Kinderhort,
diese an die Toilettenfrau – und so fort.
So kam es schließlich irgendwann
abends gegen 6 Uhr am Schillerplatz an
bei einem im Augenblick traurig-tristen,
durch das Lächeln doch erheiterten Polizisten,
so daß er, als Pummerer den Verkehr blockierte,
den Verstoß nur mit einem Lächeln quittierte.

Otto Heinrich Kühner

Durch den einen Geist wurden wir in der Taufe alle in einen einzigen Leib aufgenommen, Juden und Griechen, Sklaven und Freie; und alle wurden wir mit dem einen Geist getränkt. Auch der Leib besteht nicht nur aus einem Glied, sondern aus vielen Gliedern. Wenn der Fuß sagt: Ich bin keine Hand, ich gehöre nicht zum Leib, so gehört er doch zum Leib. Und wenn das Ohr sagt: Ich bin kein Auge, ich gehöre nicht zum Leib, so gehört es doch zum Leib. Wenn der ganze Leib nur Auge wäre, wo bliebe dann das Gehör? Wenn er nur Gehör wäre, wo bliebe dann der Geruchssinn? So aber gibt es viele Glieder und doch nur einen Leib.

Wenn darum ein Glied leidet, leiden alle Glieder mit; wenn ein Glied geehrt wird, freuen sich alle anderen mit ihm. Ihr aber seid der Leib Christi, und jeder einzelne ist ein Glied an ihm.

1 Korinther 12, 13–27 (in Auswahl)

jesus
wir horchen miteinander
was wir sprechen
wir sprechen miteinander
was wir hoffen
wir hoffen miteinander
was du versprichst

wir verstehen dich
wenn wir einen von uns
verstehen
bei brot und wein
lache mit uns
wir gewinnen der erde
einen fleck land ab
wo menschen sind

Ernst Eggimann

Grenzen überschreiten

Wer zu den Sternen reisen will,
der sehe sich nicht nach Gesellschaft um.

Bei einer Radfahrt mit unserer Tochter auf dem Deich steht uns eine Schranke im Weg mit der Aufschrift: Keine Durchfahrt! Bauarbeiten! Ich lese das und fahre sofort vom Deich herunter, um nach einem anderen Weg zu suchen. Ein Anwohner, den ich frage, dirigiert uns an die Stelle mit der Schranke zurück und sagt auf meinen Einwand „Aber da ist doch eine Baustelle": „Ja, ja – da kann man aber gut fahren; da fahren alle." Da fahren also alle – nur ich mußte dem Schildaufsteller gleich gehorchen, ohne überhaupt den Weg dahinter anzusehen und selbst zu prüfen.

Almuth Schulze-Conrades

Ich will dich rühmen, Herr, meine Stärke,
Herr, du mein Fels, meine Burg, mein Retter.
Mich umfingen die Fesseln des Todes,
mich erschreckten die Fluten des Verderbens.
In meiner Not rief ich zum Herrn
und schrie zu meinem Gott.
Er griff aus der Höhe herab und faßte mich,
zog mich heraus aus gewaltigen Wassern.
Er führte mich hinaus ins Weite,
er befreite mich, denn er hatte an mir Gefallen.
Mit dir, Herr, erstürme ich Wälle,
mit meinem Gott überspringe ich Mauern.
Du schaffst meinen Schritten weiten Raum,
meine Knöchel wanken nicht.
Darum will ich dir danken, Herr, vor den Völkern,
ich will deinem Namen singen und spielen.

Psalm 18, 2–50 (in Auswahl)

Ich weiß, daß ich bald sterben muß.
Es leuchten doch alle Bäume
nach langersehntem Julikuß –
Fahl werden meine Träume –
Nie dichtete ich einen trüberen Schluß
in den Büchern meiner Reime.
Eine Blume brichst du mir zum Gruß –
ich liebte sie schon im Keime.
Doch ich weiß, daß ich bald sterben muß.
Mein Odem schwebt über Gottes Fluß –
Ich setzte leise meinen Fuß
auf den Pfad zum ewigen Heime.

Else Lasker-Schüler

Wir glauben nur aus Angst und weil wir es in der Schule so gelernt haben, an irgendwelche Grenzen. Es gibt keine Grenzen. Nicht für die Gedanken, nicht für die Gefühle. Die Angst setzt die Grenzen. Jesus sprengte die Gesetze und die Grenzen durch ein völlig neues Gefühl, von dem man vorher nie etwas gehört hat: die Liebe. Natürlich reagierten die Menschen mit Angst und Wut, so wie sie immer mit Angst reagieren und fliehen wollen, wenn sie von einem großen Gefühl überwältigt werden – obwohl sie sich vor Sehnsucht nach ihren kümmerlichen und abgestorbenen Gefühlen fast verzehren.

Ingmar Bergman

Du Gott über alle Grenzen hinweg:
Verwandle alles Reden, das uns trennt,
in eine Sprache, die Brücken baut.
Laß uns ankommen in gegenseitigem Verstehen.

F. K. Barth/G. Grenz/P. Horst

Gerechtigkeit schaffen

Wo man die Gerechtigkeit hinauswirft,
kommt der Schrecken zur Tür herein.

Das ist ein Fasten, wie ich es liebe: die Fesseln des Unrechts zu lösen, die Stricke des Jochs zu entfernen, die Versklavten freizulassen, jedes Joch zu zerbrechen, an die Hungrigen dein Brot auszuteilen, die obdachlosen Armen ins Haus aufzunehmen.
Dann wird dein Licht hervorbrechen wie die Morgenröte, und deine Wunden werden schnell vernarben. Deine Gerechtigkeit geht dir voran, die Herrlichkeit des Herrn folgt dir nach. Wenn du dann rufst, wird der Herr dir Antwort geben, und wenn du um Hilfe schreist, wird er sagen: Hier bin ich.
Wenn du der Unterdrückung bei dir ein Ende machst, auf keinen mit dem Finger zeigst und niemand verleumdest, dem Hungrigen dein Brot reichst und den Darbenden satt machst, dann geht im Dunkel dein Licht auf, und deine Finsternis wird hell wie der Mittag. Der Herr wird dich immer führen, auch im dürren Land macht er dich satt und stärkt deine Glieder. Du gleichst einem bewässerten Garten, einer Quelle, deren Wasser niemals versiegt.

Jesaja 58, 6–11

Bei dem Versuch, ein Stück Gerechtigkeit zu verwirklichen, werden Entscheidungen notwendig sein, die nicht in dem Schema: hier gut, dort böse aufgehen. Selten wird es Eindeutigkeiten geben, selten wird die Information so vollkommen sein, daß sie allem Zweifel enthebt. Heil für den einen bedeutet Unheil für den anderen. „Er stößt die Gewaltigen vom Stuhl und erhebt die Niedrigen." Neutralität bewahrt nicht vor Schuld, aber verhindert das Entstehen einer besseren Welt.

Dietmar Stoller

die bevölkerung wächst
der boden schmilzt
die preise steigen
die menschen fragen
wo sollen wir wohnen
fragen die menschen
und unsere kinder
fragen die menschen
wenn sich bodenrecht
meßbar in bodenloses
unrecht verwandelt

Kurt Marti

An die Mauer gesprüht: Ausländer raus! In der Straßenbahn steht niemand mehr auf für die Frau in dem bunten Kopftuch. Der Schalterbeamte sagt „Analphabet" zu dem Mann, der die Formulare verwechselt. „Die nehmen uns nur die Arbeit weg!"
Ich schweige, Herr. Dabei könnte ich ihnen erzählen, wie schön mein Urlaub in Griechenland war, daß der Wirt meines Stammlokals Enzo heißt, mein Arbeitskollege Branco und daß meine Tochter mit Fatma spielt.
Hilf mir, nicht länger zu schweigen, Herr. Nimm mir die Angst, Partei zu ergreifen für die Fremden. Hilf mir, zu reden für Enzo, Branco und Fatma.

Inge Hartmann

Die Menschen von heute meinen, daß die Armen ihnen in menschlicher Hinsicht nicht gleichwertig sind. Sie betrachten sie von oben herab. Aber ich bin sicher, wenn sie eine tiefe Achtung vor den armen Menschen empfinden würden, wäre es ihnen ein Leichtes, ihnen näherzukommen und zu sehen, daß sie dasselbe Recht auf die Dinge des Lebens und auf die Liebe haben wie jeder andere.

Mutter Teresa

Frieden stiften

Es gibt keinen Weg zum Frieden,
wenn nicht der Weg schon Frieden ist.

Martin Luther King

Axel und ich auf dem Schulhof brüten im Schwitzkasten.
Riß in der Hose – Dreck im Gesicht.
Axel heult. Ich pfeife vor Wut.
Zu Hause: Wie siehst du aus? Hast du schon wieder ...
daß du mir nie mehr mit dem da –
marsch in die Küche!
Am Telefon streiten sie, Axels Vater und meiner.
Axel und ich auf der Mauer
tauschen postfrisch und gestempelt
Polen gegen Uruguay, Max und Moritz gegen Apollo 8.
Axel grinst. Ich pfeif mir eins.
Telefonieren die immer noch?

Hanna Hanisch

Vor der Schlacht tritt der Offizier an die Truppe heran und sagt feierlich: „Soldaten, jetzt geht es Mann gegen Mann!" – Infanterist Rubin: „Zeigen Sie mir bitte meinen Mann! Vielleicht kann ich mich gütlich mit ihm verständigen."

Ihr wollt
daß es so bleibt wie es ist
darum betet ihr
um Frieden.
Wir wollen
daß es nicht so bleibt wie es ist
darum beten wir
um Frieden.

Lothar Zenetti

Auch ohne Krieg sterben täglich Tausende von Menschen in reichen wie in armen Ländern an Hunger und Unterernährung. Menschliches Leid und Elend aufgrund der vielfältigen Formen von Ungerechtigkeit haben ein Ausmaß erreicht, das in der modernen Geschichte ohnegleichen ist. Die Völker der Erde brauchen Frieden und Gerechtigkeit. Frieden ist nicht nur die Abwesenheit von Krieg. Frieden setzt eine neue internationale Ordnung voraus, die gegründet ist auf Gerechtigkeit für alle Völker und in allen Völkern und auf Respekt für die gottgegebene Menschlichkeit und Würde jedes einzelnen. Frieden ist die Frucht der Gerechtigkeit.
Wir können die Gefahren unserer Zeit weder als naturgegeben hinnehmen, noch dürfen wir verzweifeln. Wir kennen Gottes Liebe und bekennen einen Herrn der Geschichte, in dem uns das Leben in seiner ganzen Fülle verheißen ist. Der Heilige Geist wirkt unter uns, der die Liebe erweckt und die Furcht vertreibt, unsere Vision vom Frieden erneuert, unsere Phantasie belebt und uns befreit und eint. Immer mehr Völker der Welt erheben sich, fordern Gerechtigkeit und schreien nach Frieden. Das sind Zeichen der Hoffnung in unserer Zeit.

Vollversammlung des Weltrats der Kirchen 1983

Den Frieden lasse ich euch, meinen Frieden gebe ich euch. Nicht gebe ich euch, wie die Welt gibt. Euer Herz erschrecke nicht und fürchte sich nicht.

Johannes 14, 27

Frieden gabst du schon, Frieden muß noch werden,
wie du ihn versprichst uns zum Wohl auf Erden.
Hilf, daß wir ihn tun, wo wir ihn erspähen.
Die mit Tränen säen, werden in ihm ruhn.

Dieter Trautwein

Hoffnung wecken

Wer hofft,
ist seiner Zeit voraus.

Einst lebte ein Zimmermann, den eines Abends auf seinem Heimweg ein Freund anhielt und fragte: „Mein Bruder, warum bist du so traurig?"
„Wärst du in meiner Lage, du empfändest wie ich", sagte der Zimmermann. „Erkläre dich", sprach der Freund. „Bis morgen früh", sagte der Zimmermann, „muß ich elftausendelfhundertelf Pfund Sägemehl aus Hartholz für den König bereit haben, oder ich werde enthauptet."
Der Freund lächelte und legte ihm den Arm um die Schulter. „Mein Freund", sagte er, „sei leichten Herzens. Laß uns essen und trinken und den morgigen Tag vergessen. Der allmächtige Gott wird, während wir ihm Anbetung zollen, statt unserer des Kommenden eingedenk sein."
Sie gingen also zum Hause des Zimmermanns, wo sie Weib und Kind in Tränen fanden. Den Tränen ward Einhalt getan durch Essen, Trinken, Reden, Singen, Tanzen und allsonstige Art und Weise von Gottvertrauen und Güte. Inmitten des Gelächters fing des Zimmermanns Weib zu weinen an und sagte: „So sollst du denn, mein lieber Mann, in der Morgenfrühe enthauptet werden, und wir alle vergnügen uns indessen und freuen uns an der Güte des Lebens. So steht es also." „Denke an Gott", sprach der Zimmermann, und der Gottesdienst ging weiter. Die ganze Nacht hindurch feierten sie.
Als Licht das Dunkel durchdrang und der Tag anbrach, wurde ein jeglicher schweigsam und von Angst und Kummer befallen. Die Diener des Königs kamen und klopften sacht an des Zimmermanns Haustür, und der Zimmermann sprach: „Jetzt werde ich sterben", und öffnete.
„Zimmermann", sagten sie, „der König ist tot. Mache ihm einen Sarg."

William Saroyan

Ich bin überzeugt,
daß dieser Zeit Leiden nicht ins Gewicht fallen
gegenüber der Herrlichkeit,
die an uns offenbart werden soll.
Denn das ängstliche Harren der Kreatur
wartet darauf,
daß die Kinder Gottes offenbar werden.
Die Schöpfung ist ja unterworfen
der Vergänglichkeit
– ohne ihren Willen, sondern durch den,
der sie unterworfen hat –,
doch auf Hoffnung;
denn auch die Schöpfung wird frei werden
von der Knechtschaft der Vergänglichkeit
zu der herrlichen Freiheit der Kinder Gottes.
Denn wir wissen,
daß die ganze Schöpfung bis zu diesem Augenblick
mit uns seufzt und sich ängstet.
Nicht allein aber sie, sondern auch wir selbst,
die wir den Geist als Erstlingsgabe haben,
seufzen in uns selbst
und sehnen uns nach der Kindschaft,
der Erlösung unseres Leibes.
Denn wir sind zwar gerettet,
doch auf Hoffnung.
Die Hoffnung aber, die man sieht,
ist nicht Hoffnung;
denn wie kann man auf das hoffen,
was man sieht?
Wenn wir aber auf das hoffen,
was wir nicht sehen,
so warten wir darauf in Geduld.

Römer 8, 18–25

Wir danken den Verlagen für folgende Abdruck-Genehmigungen

	Seiten:
Adam, Ursula: Almanach 2 für Literatur und Theologie, Peter Hammer Verlag, Wuppertal 1968	109
Adrian, Sylvia in: Margot Lang (Hrsg.): Meine beste Freundin, mein bester Freund, © Fischer Taschenbuch Verlag, Frankfurt 1982	20
Allert-Wybranietz, Kristiane: Trotz alledem — Verschenktexte, Lucy Körner Verlag, Fellbach	157
Bamm, Peter: Eines Menschen Einfälle, Deutsche Verlagsanstalt GmbH, Stuttgart 1977	27
Barth, Friedrich K./Peter Horst: Rechte bei den Autoren	47
Barth, F. K./G. Grenz/P. Horst: Gottesdienst menschlich 2. Jugenddienst Verlag, Wuppertal 1980	48, 63, 67, 100, 107, 133, 150, 154, 161
Barutzky, Maria: „Bedenkzeit" — Gottesdienst, Sebalduskirche, Nürnberg	64
Benn, Gottfried: Sämtliche Werke. Stuttgarter Ausgabe, Band 1, Gedichte 1, Klett-Cotta, Stuttgart 1986	112
Bichsel, Peter in: Aussichten, Junge Lyriker des deutschen Sprachraums, vorgestellt von Peter Hamm, mit freundlicher Genehmigung des Autors	147
Bickel, Margot/Hermann Steigert: Pflücke den Tag, Herder Verlag, Freiburg 81[12]	32
Biermann, Wolf: Preußischer Ikarus, © 1978 by Kiepenheuer & Witsch, Köln	16, 30
Block, Detlev: Anhaltspunkte, Delp'sche Verlagsbuchhandlung, München 1983[2]	35
Bohren, Rudolf: Almanach 3 für Literatur und Theologie, Peter Hammer Verlag, Wuppertal 1969	113
Borchert, Wolfgang, „Ich möchte Leuchtturm sein" aus: W. Borchert, Das Gesamtwerk, © 1949 Rowohlt Verlag GmbH, Hamburg	115, 149, 158
Borchert, Wolfgang, Auszug aus: „Dann gibt es nur eins", „Lesebuchgeschichten" in: Wolfgang Borchert, DAS GESAMTWERK, © 1949 by Rowohlt Verlag GmbH, Reinbek	149, 158
Brasch, Thomas: Kargo, © Suhrkamp Verlag, Frankfurt 1977	42, 61
Brecht, Bertolt: Gesammelte Werke, Suhrkamp Verlag, Frankfurt 1967	10, 15, 23, 65, 83, 84, 88, 110, 125, 132, 149
Buber, Martin: Die Erzählungen der Chassidim, Manesse Verlag, Zürich 1949	28, 61, 113, 119, 129, 143, 152
Busch, Wilhelm/Hanns vom Rhein in: Verschmitztes Lächeln mit Carl Spitzweg (Amboss-Funken, Geschenkband), Amboss-Verlag Sankt Gallen, in Au, 1980	78, 83
Camus, Albert: Heimkehr nach Tipasa, © 1957, 1984 by Verlags AG Die Arche, Zürich (Neue Arche Bücherei Nr. 11)	120
Cardenal, Ernesto: Das Buch von der Liebe, Das poetische Werk, Band 4, Peter Hammer Verlag, Wuppertal 1985	35, 38
Carl, Emma: Fröhliches Kunterbunt, Loewes Verlag, Bayreuth 1978	122
Carr, Jo/Imogene Sorley: Bleib mein Gott im Alltagstrott, Christliches Verlagshaus GmbH, Stuttgart 1980	76
Ceelen, Petrus: So wie ich bin, Gespräche mit Gott, Patmos Verlag, Düsseldorf 1984[4]	147
Cox, Harvey: Das Fest der Narren, Das Gelächter ist der Hoffnung letzte Waffe, Kreuz Verlag, Stuttgart 1972[4]	134
Dirnbeck, Josef/Martin Gutl: Ich begann zu beten, Texte für Meditation und Gottesdienst, 6. Auflage 1982, Verlag Styria Graz Wien Köln	99
Eggimann, Ernst: Jesus-Texte, © 1972 by Verlags AG Die Arche, Zürich	25, 159

Eich, Günter: Gesammelte Werke in vier Bänden, © Suhrkamp Verlag, Frankfurt am Main 1973	148
Ende, Michael: Momo, K. Thienemanns Verlag, Stuttgart 1973	12
Frank, Anne, in: Das Tagebuch der Anne Frank, Aus dem Holländischen übertragen von Anneliese Schütz, Verlag Lambert Schneider, Heidelberg 1981[12]	140
Frisch, Max: Mein Name sei Gantenbein, © Suhrkamp Verlag, Frankfurt am Main 1964	18
Frisch, Max: Tagebuch 1946—1949, © Suhrkamp Verlag, Frankfurt am Main 1950	56
Gasztold, Carmen Bernos de. Gebete aus der Arche, Matthias-Grünewald-Verlag, Mainz 1982[13]	124
Gutl, Martin: Loblied von der Klagemauer, Texte, 3. Auflage 1983, Verlag Styria Graz Wien Köln	144
Hagemann, Waltraud u. a. (Hrsg.): Du, hör' mal zu! Kinder beten, Verlage Jugenddienst, Wuppertal/J. Pfeiffer, München	98
Hansen, Ernst: Leise hören, Texte für Andacht, Besinnung und Gespräch, Hrsg. Freunde der Volksmission in der Nordelbischen Ev.-Luth. Kirche e. V., Hamburg 1983	26, 33
Hartmann, Inge in: 365 x Gottes Wort, Anregungen zur täglichen Schriftlesung 1984, action 365, Frankfurt/M.	163
Haufs, Rolf: „Auf einem Gartenstuhl" aus: Die Geschwindigkeit eines einzigen Tages, mit freundlicher Genehmigung des Autors	56
Hausmann, Manfred: Martin, Isabel, Andreas, C. Bertelsmann Verlag, München 1980	126
Helbich, Peter: Schreib dein Wort in meine Seele, Gütersloher Verlagshaus, Gütersloh 1981, mit freundlicher Genehmigung des Autors	37
In deinen Toren Jerusalem, Eugen Salzer Verlag, Heilbronn 1978[6]	44
Jäger, Walter: besondere kennzeichen: männchen, Rechte beim Verfasser	51
Jaworski, Hans-Jürgen: Ich ticke im Dreieck, Schriftenmissions-Verlag, Neukirchen-Vluyn 1980	88
Jens, Walter: am anfang der stall am ende der galgen, jesus von nazareth, Kreuz Verlag, Stuttgart 1972	66, 85, 109, 127, 133, 135
Jonke, Gerd F.: Beginn einer Verzweiflung, Residenz Verlag, Salzburg 1970	115
Joseph, M. J.: Geben und Empfangen, Verlag, der Ev.-Luth. Mission, Erlangen 1978	43, 50
Kästner, Erich: Gesammelte Schriften für Erwachsene, Atrium Verlag, Zürich 1969, © Erich Kästner Erben, München	24
Kafka, Franz: „Der Aufbruch" aus: F. Kafka, Sämtliche Erzählungen, Fischer Taschenbuch Verlag, Frankfurt am Main	47
Kaléko, Mascha: In meinen Träumen läutet es Sturm, dtv 1294	11, 54, 108, 114, 120, 129, 142, 152
Kaschnitz, Marie Luise: Kein Zauberspruch: © Insel Verlag Frankfurt am Main 1972	132
Kaschnitz, Marie Luise: Seid nicht so sicher, GTB Siebenstern 302, Gütersloher Verlagshaus, Gütersloh 1981, mit freundlicher Genehmigung der Claassen Verlag GmbH, Düsseldorf	38
Koeppen, Wolfhart: mit freundlicher Genehmigung des Autors	29, 33, 118, 125
Krolow, Karl: Der Einfachheit halber, Suhrkamp Verlag, Frankfurt 1977	26
Kühner, Otto Heinrich: Die Lust, sich am Bein zu kratzen, Henssel Verlag Berlin	98
Kühner, Otto Heinrich: Narrensicher, Henssel Verlag, Berlin 1973	158
Kunert, Günter: Im weiteren Fortgang, C. Hanser Verlag, München 1974	111, 133

Kunze, Reiner: „Die Liebe", „Rudern zwei" aus: Gespräch mit der Amsel, © 1984 S. Fischer Verlag GmbH, Frankfurt am Main	23, 58
Kunze, Reiner: Widmungen, Hohwacht Verlag, Bad Godesberg	145, 156
Landmann, Salcia (Hrsg.): Der jüdische Witz, Walter Verlag, Olten 1977[11]	164
Lasker-Schüler, Else: Sämtliche Gedichte, Hrsg. F. Kemp, Kösel Verlag, München 1966	161
Lec, Stanislaw Jerzy: Alle unfrisierten Gedanken, Hrsg. u. a. d. Polnischen v. K. Dedecius, Carl Hanser Verlag, München 1982, 3. Auflage 1984	12, 16, 63, 68, 106, 110, 121
Leip, Hans: Das große Hans Leip Buch, Ernst Kabel Verlag, Hamburg	31
Lobe, Mira: Meine kleine Welt, Carl Ueberreuter Verlag Wien	102
Lotz, Hans-Georg: © Verlag Singende Gemeinde, Wuppertal	20
Maclay, Elise: DER WEITE RAUM, Heft 2/1978, Bremen	101
Magiera, Kurtmartin: Herr ZEIT, Josef Knecht Verlag, Frankfurt 1972	106
Manz, Hans in: Vorlesebuch Religion 1, Verlage Kaufmann/Vandenhoek & Ruprecht/TVZ 1971	92
Marti, Kurt: Schon wieder heute, Luchterhand Verlag, Darmstadt 1982	163
Metzkow, Hubert: Rechte beim Verfasser	142
Meutzner, Hedwig: Frieden: Mehr als ein Wort, Hrsg. Hildegard Wohlgemuth, Rowohlt-Taschenbuch Verlag, Reinbek 1981, Rechte bei der Autorin	155
Mutter Teresa von Kalkutta, Hrsg. Gorré/Barbier, Matthias-Grünewald-Verlag, Mainz 1985[5]	163
Oosterhuis, Huub: Rechte beim Herder-Verlag, Wien	93
Pforr, Antonius: ICH UND DU UND DIE GANZE WELT, illustriert von Helme Heine, herausgegeben von Gertraud Middelhauve, Gertraud Mittelhauve Verlag, Köln	147
Plünnecke, Elisabet: Überredung zum Glück, Verlag Kath. Bibelwerk, Stuttgart 1977	16
Publik-Forum, Zeitschrift kritischer Christen, 21. 1. 1983	139
Puntsch, Eberhard (Hrsg.): Witze, Fabeln, Anekdoten, Handbuch, Moderne Verlags-GmbH, München 1968, S. 215	54
Quoist, Michel: Herr, da bin ich, Gebete, 60. Auflage 1978, Verlag Styria Graz Wien Köln	94
Rademacher, Gerhard in: Detlev Block, Das unzerreißbare Netz, Eulenhof-Verlag, Hardebek	62
Reblin, Klaus: Rechte beim Verfasser	25
Rhein, Hanns vom: Verschmitztes Lächeln mit Carl Spitzweg (Geschenkbandreihe Amboss-Funken), Amboss-Verlag, St. Gallen 1980	52
Rilke, Rainer Maria: „Und draußen war ein Tag aus Blau und Grün" aus: Sämtliche Werke, © Insel Verlag Frankfurt a. M.	79
Ringelnatz, Joachim: Und auf einmal steht es neben dir, Karl H. Henssel Verlag, Berlin 1950	19, 27
Rodari, Gianni: Gutenachtgeschichten am Telefon, © 1964, K. Thienemanns Verlag, Stuttgart	119
Roth, Eugen: Ernst und heiter, dtv München 1967[9], mit Erlaubnis der Dr. Eugen Roth Erben, München	146
Roth, Eugen: Gute Reise/Der letzte Mensch, Carl Hanser Verlag, München, mit Erlaubnis der Dr. Eugen Roth Erben, München	75, 76
Roth, Eugen: Ein Mensch, Carl Hanser Verlag, München, mit Erlaubnis der Dr. Eugen Roth Erben, München	69, 128
Roth, Eugen: Das neue Eugen-Roth-Buch, Carl Hanser Verlag, München, mit Erlaubnis der Dr. Eugen Roth Erben, München	56
Saint-Exupéry, Antoine de: Der Kleine Prinz, Rauch Verlag, Düsseldorf, 1975	59

Sartory, H. u. G. (Hrsg.): Weisung in Freude, Herder Verlag, Freiburg 1978	51
Schaffer, Ulrich: Kreise schlagen, Oncken Verlag, Wuppertal 1976[2]	75, 87
Schneider, Martin Gotthard in: Neue Geistl. Lieder, BE 285, Gustav Bosse-Verlag, Regensburg	151
Schnurre, Wolfdietrich: Ich frag ja bloß, Paul List Verlag, München 1973	28, 68
Schöne, Joachim: Gespräche mit Gott, Gebete für junge Menschen, Evangelische Verlagsanstalt, Berlin 1977	96
Schulze-Conrades, Almuth in: Ansprüche, Verständigungstexte, st 887, © Suhrkamp Verlag, Frankfurt am Main 1983	160
Schwanecke, Friedrich: Rechte beim Verfasser	53, 61, 66, 68
Seitz, Manfred/Friedrich Thiele: Wir beten, Schriftenmissions-Verlag, Neukirchen-Vluyn 1984[9]	152
Sendak, Maurice: Higgelti Piggelti Pop, oder Es muß im Leben mehr als alles geben, Deutsch von Hildegard Krahé, © 1980 Diogenes Verlag AG, Zürich	34
Sölle, Dorothee: Fliegen lernen, Wolfgang Fietkau Verlag, Berlin 1979	116
Spitzweg, Carl in: Verschmitztes Lächeln, Amboss-Verlag, Sankt Gallen 1980	109
Stöhr, Martin in: Weihnachtsbrief der Evangelischen Akademie Arnoldhain 1980	91
Stoller, Dietmar in: Worte zum Tage, Herausgeber Horst Nitschke, mit freundlicher Genehmigung des Autors	162
Thomas, M. A.: Fülle mein Herz, MBK-Verlag, Bad Salzuflen 1960	57
Trautwein, Dieter: Rechte beim Burckhardthaus-Laetare Verlag, Offenbach/M.	165
Waggerl, Karl Heinrich: Kleine Münze, Otto Müller Verlag, Salzburg 1974[4]	131
Wallner, Leo: Gedanken zum Nachdenken, Tyrolia Verlagsanstalt, Innsbruck 1977	21
Wiemer, Rudolf Otto: Chance der Bärenraupe, F. H. Kerle, Freiburg, Herder Verlag, Freiburg	126
Wiemer, Rudolf Otto: Ernstfall, J. F. Steinkopf Verlag, Stuttgart 1973[3]	36
Wiemer, Rudolf Otto: mit freundlicher Genehmigung des Autors	114
Willms, Wilhelm: lichtbrechung. geistliche lyrik, Verlag Butzon & Bercker, Kevelaer 1982	153
Willms, Wilhelm: roter faden glück. lichtblicke, Verlag Butzon & Bercker, Kevelaer 1982[4]	83
Wolff, Kurt: Ein Maulbeerbaum für die Übersicht, Neukirchener Verlag, Neukirchen-Vluyn 1980	89
Zeller, Eva: „Postscriptum" aus: Auf dem Wasser gehen, Deutsche Verlagsanstalt GmbH, Stuttgart	44
Zenetti, Lothar: Sieben Farben hat das Licht, J. Pfeiffer, München 1975 (2. gekürzte Auflage 1981)	49, 50, 97, 108, 113, 123
Zenetti, Lothar: Texte der Zuversicht, Für den einzelnen und die Gemeinde, J. Pfeiffer, München 1981[5]	13, 15, 67, 84, 86, 164
Zenetti, Lothar: Die wunderbare Zeitvermehrung, Variationen zum Evangelium, Verlag J. Pfeiffer, München, 1982[2]	13
Zink, Jörg: Die Mitte der Nacht ist der Anfang des Tages, Kreuz Verlag, Stuttgart 1968	45

Bibeltexte

Die Bibel, Die Heilige Schrift des Alten und Neuen Bundes, deutsche Ausgabe mit den Erläuterungen der Jerusalemer Bibel, Herder Verlag, Freiburg 1983[17]	18, 29
Jerusalemer Bibel, Herder Verlag, Freiburg	58, 71
Die Bibel nach der Übersetzung Martin Luthers, revidierter Text 1984, Deutsche Bibelgesellschaft Stuttgart	13, 31, 35, 46, 55, 165, 167
Einheitsübersetzung der Heiligen Schrift, Katholische Bibelanstalt GmbH, Stuttgart 1980	22, 39, 43, 45, 48, 77, 82, 86, 89, 90, 97, 100, 111, 112, 117, 129, 141, 143, 145, 146, 153, 159, 160, 162
Die Bibel in heutigem Deutsch, Die Gute Nachricht des Alten und Neuen Testaments, Deutsche Bibelgesellschaft Stuttgart 1982	11, 14, 32, 36, 51, 80, 115, 118, 121, 123, 124, 138, 148, 151
DAS NEUE TESTAMENT, übersetzt von Ulrich Wilckens, © 1970 Benziger Verlag Zürich, Einsiedeln, Köln und Gütersloher Verlagshaus Gerd Mohn, Gütersloh	25, 62, 99, 107
Hansen, Johannes: Nach dem Dunkel kommt ein neuer Morgen, Psalm-Meditationen, Reinhard Kawohl Verlag, Wesel 1978	79
Psalmen, Ausgewählt und bearbeitet von Hermann Raiß, Sonnenweg Verlag, Konstanz	74
Die Schrift Band 2, Bücher der Geschichte, verdeutscht von Martin Buber gemeinsam mit Franz Rosenzweig, Verlag Lambert Schneider, Heidelberg 1979	57
Jörg Zink: Das Alte Testament, Kreuz Verlag, Stuttgart/Berlin 1966	52, 17, 96
Jörg Zink: Er wird meine Stimme hören, Psalmen des Alten und Neuen Testaments, Kreuz Verlag, Stuttgart/Berlin 1967	103, 154
Jörg Zink: Das Neue Testament, Kreuz Verlag, Stuttgart 1965	21, 55, 93, 94, 103

Biblische Bücher und Eigennamen nach: Ökumenisches Verzeichnis der biblischen Eigennamen nach den Loccumer Richtlinien, Stuttgart 1971.

Verzeichnis der Bibelstellen

Genesis (1 Mose)
27, 18–29 — 17
28, 10–15 — 71
32, 23–27 — 52

Exodus (2 Mose)
3, 13–15 — 124
16 — 82

Deuteronomium (5 Mose)
6, 4–7 — 13
30, 15.16.19 — 51

Ijob (Hiob)
2, 11–13 — 29
16, 6–16 — 138
17, 11–13.15 — 112
31, 16–20 — 32

Psalmen
1, 1–3 — 117
18, 2–50 — 160
32, 1–5 — 154
34, 9 — 77
42, 2.3 — 35
67, 2–6 — 100
71 — 103
90 — 74
104 — 79
150, 6 — 10

Kohelet (Prediger Salomo)
2, 24 — 18
11, 4–7 — 14

Hoheslied
1–3 — 65
2, 5–7 — 31
7, 9.10 — 11

Jesus Sirach
31 — 96
37, 1–6 — 58

Jesaja
9, 1–6 — 123
46, 9–13 — 45
49, 14–16 — 111
55, 1–3.6 — 153
58, 6–11 — 162
60, 1–5 — 46

Jeremia
20, 7–9 — 141

Joel
3, 1 — 36

Jona
1–3 — 60

Matthäus
5, 3–10 — 127
7, 24–27 — 135
10, 32.33 — 118
12, 1–4.6 — 87
12, 22–28 — 109
15, 21–28 — 85
15, 32–37 — 97
17, 20 — 25
19, 16–22 — 66
19, 27–29 — 156
22, 2–4 — 77
24, 42–44 — 133

Markus
4, 35–41 — 151
5, 24–34 — 22

Lukas
5, 4–9 — 115
5, 27–32 — 80
9, 49–50.52–55 — 146
12, 33.34 — 90
13, 10–13 — 143
13, 29 — 55
18, 35–43 — 89

Johannes
4 — 94
6, 68.69 — 69
133, 4–7.14–16 — 93
14, 27 — 165
20, 24–28 — 21

Apostelgeschichte
2, 1–8.12 — 62
2, 42–47 — 99
5, 17–32 — 148
17, 27.28 — 107

Römer
8, 18–25 — 167

1 Korinther
12, 13–27 — 159
13, 1–13 — 39

2 Korinther
6, 4.8–10 — 129
12, 5–10 — 145

Philipper
33, 12–14 — 121

1 Petrus
2, 21–24 — 48

Hebräer
4, 1–4.10.11 — 131
11, 8.9.13–16 — 43
13, 16 — 90

Offenbarung
3, 20 — 55

Mitarbeiter

An der Redaktion der Hefte
Für jeden freien Tag   10–13 (1981–1984) und
An jedem neuen Tag   6   (1982)
haben mitgearbeitet:

Anneliese Hecht, Stuttgart

Josef Heer, Stuttgart

Ruth Hobe, Stuttgart

Wolfhart Koeppen, Stuttgart

Wolfgang Musahl, Groß Vahlberg

Felix Porsch, Stuttgart

Ilse Müller-Seidel, München

Renate Spennhoff, Stuttgart

Ilse Strothotte, Stuttgart

Rose Volz-Schmidt, Hamburg

Friedrich Ziegel (†), Tutzing

In derselben Reihe sind erschienen:

Joachim Feige / Renate Spennhoff (Herausgeber)

Ja zu jedem Tag
Biblische Texte, Gebete und Betrachtungen

176 Seiten, kartoniert, Bestell-Nr. 38 805

Ja sagen zu jedem Tag – das ist nicht selbstverständlich. Der Alltag ist oft dunkel, von Sorgen und Fragen, von Mißstimmungen und Hetze bestimmt. Wir sind bedrückt und müde.
Dann höre ich einen Vogel singen, sehe ich Hund und Katze miteinander spielen und spüre den frischen Wind auf der Haut. Oder mir begegnet ein Mensch, der mir eine Freude macht, der mir zuhört oder ein gutes Wort sagt. Da werden die Schatten heller, da wird eine Antwort erkennbar, und ich entdecke wieder das Ja zu meinem Leben.

Joachim Feige / Renate Spennhoff (Herausgeber)

Wege entdecken
Biblische Texte, Gebete und Betrachtungen

176 Seiten, kartoniert, Bestell-Nr. 38 844

Wege entdecken – das macht Spaß, bringt Überraschungen und läßt Altbekanntes, Vertrautes in neuer Sicht erscheinen. Nur allzu oft gehen wir in ausgetretenen Geleisen, beachten weder den Verlauf der Pfade noch die Dinge am Wegesrand.

Schriftenmissions-Verlag Neukirchen-Vluyn
Verlag Kath. Bibelwerk GmbH, Stuttgart